Se Former En 1 Jour

Créer votre page Web

Michel Dreyfus

Retrouvez tous nos livres sur **www.ssm.fr**

Simon & Schuster Macmillan (France) a apporté le plus grand soin à la réalisation de ce livre afin de vous fournir une information complète et fiable. Cependant, Simon & Schuster Macmillan (France) n'assume de responsabilités, ni pour son utilisation, ni pour les contrefaçons de brevets ou atteintes aux droits de tierces personnes qui pourraient résulter de cette utilisation.

Les exemples ou les programmes présents dans cet ouvrage sont fournis pour illustrer les descriptions théoriques. Ils ne sont en aucun cas destinés à une utilisation commerciale ou professionnelle.

Simon & Schuster Macmillan (France) ne pourra en aucun cas être tenu pour responsable des préjudices ou dommages de quelque nature que ce soit pouvant résulter de l'utilisation de ces exemples ou programmes.

Tous les noms de produits ou autres marques cités dans ce livre sont des marques déposées par leurs propriétaires respectifs.

Publié par Simon & Schuster Macmillan (France)
19, rue Michel Le Comte
75003 PARIS
Tél : 01 44 54 51 10
Mise en pages : S&SM
ISBN : 2-7440-523-1
Copyright © 1998 Simon & Schuster Macmillan (France)
Tous droits réservés

Auteur : Michel Dreyfus

Toute reproduction, même partielle, par quelque procédé que ce soit, est interdite sans autorisation préalable. Une copie par xérographie, photographie, film, support magnétique ou autre, constitue une contrefaçon passible des peines prévues par la loi, du 11 mars 1957 et du 3 juillet 1995, sur la protection des droits d'auteur.

Table des matières

Introduction	I
HTML, mon doux souci	I
Ce que vous avez et ce que vous savez	2
Ce qui vous manque (mais n'est pas nécessaire)	3
Ce que vous allez trouver ici	4
Deux mots avant de commencer	5
Conventions typographiques	6
Heure 1 Contenu et contenant	9
Le choix d'un sujet	10
Quelques indications de choix	10
Attirer le chaland	12
Quelques exemples	13
Qui voulez-vous séduire ?	14
Quel secteur d'intérêt ?	15
Quelle nationalité ?	15
Quelle structure adopter ?	17
Le titre	18
Le corps du sujet	18
La fin de la présentation	19
La signature	19
La fraîcheur de la page	20
Le compteur	21
Attention au copyright !	21
Respectez la législation	22
Tous les navigateurs ne naissent pas égaux	23
Le format de l'écran	23
L'affichage des images	24

Créer votre page Web

    Le choix de la police de caractères 27
    L'utilisation d'un navigateur trop ancien 27
  Le dilemme de l'auteur Web 29

Heure 2   **La navigation dans une page Web** 31
  L'organisation séquentielle 32
  L'organisation centralisée 33
  L'organisation hiérarchisée 34
  L'organisation tentaculaire 34
  Approche pratique de l'organisation 36
    L'approche constructionniste 37
    L'approche expérimentale 37
  Conseils de mise en pages 38

Heure 3   **Les bases de HTML** 39
  A la recherche du standard perdu 40
  Une particularité nationale 41
  On se jette à l'eau 42
    Les balises 45
    Les attributs 46
    Les séparateurs 46
    Les deux divisions d'un fichier HTML 47
    Le cas des commandes inconnues 48
    La place des commandes 49
  Le commentaire 50
  Les commandes relatives au paragraphe 50
    Le marqueur
 50
    La balise <P> 51
    Le conteneur <DIV> 52
    La balise <HR> 53
  Titres et intertitres 54
  Le texte et ses enrichissements 55
    Styles logiques et styles physiques 55
    Gras, italique et souligné 55
    Texte préformaté 56
    Variations de taille de la police d'affichage 59
  HTML et les couleurs 59

Table des matières

Heure 4   **Quelques éditeurs et vérificateurs HTML 61**
    Les éditeurs HTML 61
        AOLpress 62
        Arachnophilia 65
        FrontPage 67
        Internet Assistant 72
        Web Construction Kit 75
    Les outils de vérification 78
        A la recherche des erreurs 78
        Exemples de tests 81
        Les services de validation 85

Heure 5   **Listes, images et multimédia 87**
    Les listes 87
        Les listes à puces 88
        Les listes numérotées 89
        Les listes de glossaire 90
        Imbrication de listes 91
    Les images 92
        Le conteneur <IMG> 94
        Les images transparentes 98
        Le cas des grandes images 100
        Emploi d'images dans une liste 102
    Les sons 104
        Le marqueur <BGSOUND> 105
        Lien vers un fichier audio 105
    Les animations 106
        Les animations classiques 106
        Les GIF animées 107
        Shockwave 108
        VRML 108

Heure 6   **L'essence même du Web : les liens 109**
    Principe des liens 109
    Les trois formes de liens 112
        Liens vers l'extérieur 112
        Liens vers l'intérieur.. 113
        Déplacement dans un même fichier 113

Créer votre page Web

	Encore plus sur les liens 114
	Liens relatifs, liens absolus 114
	Appels de liens par des images 117
	Liens vers d'autres objets 119
Heure 7	**Tableaux à tout faire** 121
	Le plus simple des tableaux 121
	Quelques améliorations 123
	Que peut-on trouver dans une cellule ? 124
	Alignement du contenu des cellules 126
	Agrandissement de cellules 128
	Un menu de liens avec un tableau 132
	Une page en forme de journal 134
	Les tableaux et les éditeurs HTML 137
Heure 8	**Images réactives, compteurs d'accès, formulaires et frames** 139
	Les images réactives 139
	Le choix de l'image 140
	Trois implémentations possibles 143
	Décomposition d'une image réactive 144
	Définition d'une image réactive 144
	L'utilitaire MapEdit 146
	Les compteurs d'accès 148
	Les formulaires 149
	Les frames 152
	Structure d'une présentation Web avec cadres 152
	Ecriture des balises HTML relatives aux cadres ... 154
	Chargement d'un fichier à l'intérieur d'un cadre 158
Heure 9	**Exemple complet d'une présentation Web** 161
	Choix des options générales 161
	L'hébergement 162
	Les sujets à aborder 162
	Les documents dont on dispose 163
	Structure générale de la présentation 164
	Première esquisse 164
	La page d'accueil 164

Table des matières

    Premières améliorations 165
    Autres améliorations 166
    Doit-on aller plus loin ? 169
  Autre version 170
  Une autre page 179

Heure 10   Scripts, feuilles de style et HTML dynamique 181
  Java 182
    Bref historique 182
    Caractéristiques du langage 183
    Incorporation d'applets dans une page Web 184
    Exemple d'applet 184
    En résumé 185
  JavaScript 185
    Caractéristiques du langage 186
    Incorporation de scripts dans une page Web 187
    Exemple de script JavaScript 188
    En résumé 192
  ActiveX 193
  Les feuilles de style 193
    Principe des feuilles de style en cascade 194
    Que contient une feuille de style ? 195
    Les propriétés d'une feuille de style 196
    Exemple d'application 198
  HTML dynamique 200
    L'approche de Microsoft 201
    L'approche de Netscape 202
    Conseils pratiques 203

Heure 11   Se faire héberger et se faire connaître 205
  Se faire héberger 206
  Le transfert des fichiers 208
  Se faire connaître 209
    Les moyens artisanaux 209
    Les méthodes sérieuses 211
    Contrôle du référencement 218

Créer votre page Web

Heure 12 **Les bonnes adresses** 219
  Livres et périodiques 219
    ActiveX 219
    L'Internet en général 219
    HTML en général 220
    Les éditeurs HTML.. 220
    Java 220
    JavaScript 220
    Périodiques français 221
  Ressources Internet 221
    ActiveX 221
    Les scripts CGI 221
    Compteurs d'accès 221
    Le copyright 222
    La création Web 222
    Les feuilles de style 222
    Logiciels de dessin et de visualisation 222
    Editeurs et convertisseurs HTML 222
    Hébergement de pages Web 223
    Images diverses 223
    Images réactives 223
    Internet Explorer 224
    Java 224
    JavaScript 224
    Les moteurs de recherche et annuaires 224
    Le multimédia 225
    Navigateurs 225
    La sécurité informatique 225
    Les services de référencement 225
    Les sources de logiciels 226
    Vérificateurs HTML 226
    Outils de validation de pages Web 226
    Services de vérification HTML 226

  Index 227

Introduction

L'une des raisons majeures de la vogue croissante de l'Internet est incontestablement le Web, par l'attrait et la diversité des présentations qu'il propose. Après en avoir vu quelques dizaines, on éprouve souvent la démangeaison de se joindre au concert et de proposer sa propre page Web. Sur le plan technique, il n'y a pas de grandes difficultés à surmonter. Les problèmes viennent surtout du côté des idées, de leur expression et de la mise en pages, dès l'instant où on souhaite accrocher réellement le visiteur.

Ce livre est destiné à vous guider dans la réalisation de pages Web personnelles. Si nous insistons sur le mot "personnel" c'est qu'il sous-entend un certain nombre de conditions qui ne se rencontrent pas dans le cadre d'une activité professionnelle, que ce soit sur le plan matériel ou sur le plan conceptuel.

HTML, MON DOUX SOUCI

On ne peut pas parler de page Web sans prononcer l'incantation "hache-thé-aime-aile". D'aucuns disent que c'est un langage. Histoire, sans doute, de passer pour quelqu'un de savant et qui domine des questions d'habitude réservées aux "pros". Bien que HTML descende du SGML, langage de spécification de page réservé à une catégorie particulière d'adeptes de la secte UNIX, c'est un descendant abâtardi qui, comme c'est presque toujours le cas génétiquement, s'est renforcé en oubliant la pureté de ses origines.

En réalité, il s'agit plutôt d'une forme de feuille de style comparable à ce qu'on trouve dans les traitements de texte modernes comme Word de Microsoft ou WordPerfect, à cela près que HTML s'attache davantage à la structure d'un document, au rendu des différentes parties d'un texte (illustré ou non), qu'à sa reproduction sous un aspect strictement semblable à ce qu'avait imaginé l'auteur. Par exemple, l'importance *relative* des titres et sous-titres de vos pages sera respectée, mais c'est votre utilisateur qui décidera de la police avec laquelle elles devront être affichées. La façon dont l'ensemble d'une page lui apparaîtra sera différente selon le type d'écran qu'il utilisera (dimensions, résolution, nombre de couleurs). Autrement dit, vous ne pouvez pas prétendre à une reproduction fidèle de vos intentions d'auteur Web.

CE QUE VOUS AVEZ ET CE QUE VOUS SAVEZ

Vous possédez un micro-ordinateur de type PC fonctionnant sous Windows (3.x, 95, 98 ou même NT) et vous savez en utiliser les commandes essentielles. Vous avez déjà un abonnement à un fournisseur d'accès et une certaine expérience de l'Internet[1]. Parmi les logiciels spécifiques de l'Internet, vous avez déjà un navigateur, sans doute Netscape Navigator ou Internet Explorer qui sont les plus répandus. Vous savez effectuer un transfert de fichiers par FTP et vous possédez un logiciel client FTP, par exemple, WS_FTP ou Cute FTP.

Le terme navigateur *désigne un logiciel de navigation sur le Web. On rencontre parfois le terme anglo-saxon* browser *ou diverses traductions françaises, telles que* butineur *ou* fureteur...

Votre fournisseur d'accès permet d'héberger une présentation Web sur son disque dur et vous alloue pour cela un espace suffisant (1 Mo est le strict minimum, 5 Mo vous apportera un certain confort). Sinon, nous verrons à la onzième heure qu'il existe de généreux mécènes vous offrant un peu de place sur leur serveur.

---

[1] Sinon, dans la même collection et du même auteur, il existe *Se former en 1 jour à Internet*

Et pour ceux qui ne jurent que par le Macintosh ? Lorsqu'on voit une page Web, on oublie ses origines, sa structure est la même quelle que soit la machine qui a servi à l'écrire. Les principes de composition d'une présentation Web restent les mêmes, seuls les logiciels diffèrent.

Ah ! nous allions oublier : vous savez rédiger un texte qui tient debout. Sans vouloir postuler au Goncourt, vous savez construire des phrases qui ont un sens et qui sont susceptibles d'être comprises sans équivoque par ceux qui les lisent. Et vous êtes capable d'aligner plusieurs paragraphes sans faire de fautes d'orthographe. Ou bien vous avez un traitement de texte qui dispose d'un correcteur orthographique de qualité. Quant aux accords de participes et autres finesses syntaxiques, ne comptez que sur vous-même ou sur vos amis et évitez tous les logiciels qu'on vous propose pour ceci : le remède pourrait être pire que le mal !

CE QUI VOUS MANQUE (MAIS N'EST PAS NÉCESSAIRE)

Vous n'avez pas une connexion permanente à l'Internet, comme c'est le cas des grandes entreprises ou des établissements d'enseignement et de recherche. Vous devrez donc recourir à un prestataire extérieur pour *publier* votre présentation.

Vous n'avez pas des qualités artistiques exceptionnelles et peut-être même ne savez-vous pas dessiner. Vous n'êtes pas un spécialiste de la mise en pages et vous n'avez jamais rien publié, que ce soit sur le Web ou dans le monde de l'édition papier. Si toutefois vous possédez un peu d'expérience dans un de ces domaines, ce n'est pas rédhibitoire et ça n'en vaudra que mieux. Mais ce n'est pas indispensable.

Vous n'avez probablement pas de logiciel d'édition HTML spécifique ou, si vous en avez un, vous ne savez peut-être pas l'utiliser. Nous ferons au cours de la quatrième heure un rapide panorama de quelques-uns des logiciels les plus courants qui apportent une

Créer votre page Web

aide efficace et une appréciable simplification dans l'écriture des pages Web. On en trouve d'excellents en shareware et même en freeware. Nous vous recommandons d'en essayer plusieurs, d'en retenir un et de l'utiliser.

CE QUE VOUS ALLEZ TROUVER ICI

Ce livre est à la fois moins qu'un cours sur HTML et plus qu'une simple présentation du langage. Moins, parce que nous n'avons pas la place d'y développer toutes les options de chaque commande HTML. Plus, parce que nous voulons aller plus loin que HTML lui-même en vous montrant tout ce qu'il y a dans son environnement : comment composer une page Web, pourquoi employer une commande plutôt qu'une autre, ce qu'il faut éviter, comment se faire héberger, comment se faire référencer, etc.

Pour vous mettre le pied à l'étrier en douze heures, nous avons découpé notre exposé de la façon suivante :

- **Heure 1.** Contenu et contenant. Choix d'un sujet. Pour qui écrire ? Principes généraux d'une présentation Web. Attention au copyright ! Comportement des navigateurs.

- **Heure 2.** Organisation générale d'une page Web, principes de mise en pages et de navigation.

- **Heure 3.** Notions de base de HTML, divisions de la page, paragraphes, entités de caractères, etc.

- **Heure 4.** Rapide panorama de quelques-uns des nombreux éditeurs et vérificateurs HTML existants.

- **Heure 5.** Tout ce que vous avez toujours voulu savoir sur les liens sans jamais oser le demander.

- **Heure 6.** Listes, images, sons, multimédia... Utilisation raisonnée et pertinente.

- **Heure 7.** Les tableaux et tout ce qu'ils permettent de réaliser en texte et en graphique.

Introduction

- **Heure 8.** Comment agrémenter vos présentations : images réactives, compteurs, formulaires et frames.

- **Heure 9.** Récapitulation générale : exemple de présentation Web complète traitée de A à Z.

- **Heure 10.** Gadgets et nouveautés : Java, JavaScript, ActiveX, feuilles de style, HTML dynamique.

- **Heure 11.** Et maintenant que votre chef-d'œuvre est achevé, installez-le et faites-le connaître au monde entier.

- **Heure 12.** Pour couronner le tout, une collection de bonnes adresses, textes intéressants, publications, logiciels, pages dignes d'intérêt, etc.

Deux mots avant de commencer

Nous n'avons pas l'intention de faire de vous un pro du HTML. Notre but est simplement de vous mettre le pied à l'étrier le plus vite possible pour que vous puissiez écrire sans souffrir une page Web qui tienne debout. C'est pourquoi nous avons choisi comme base de ce livre la version 3.2 de HTML, actuellement reconnue par tous les logiciels de navigation et non pas la toute dernière, la version 4.0. Celle-ci compte une bonne centaine de balises parmi lesquelles vous seriez excusables d'avoir du mal à faire le bon choix ; de plus, les nouveautés qu'elle renferme ne sont pas encore toutes correctement interprétées par les logiciels du Web.

Les copies d'écran qui illustrent cet ouvrage ont été réalisées en 640 × 480 pour des raisons techniques liées au format du livre (plus grandes, leur contenu eût été difficilement lisible). Différentes versions des deux navigateurs les plus utilisés (Netscape Navigator et Internet Explorer de Microsoft) ont été utilisées à cette fin. Le système d'exploitation utilisé était Windows 95. Que ceux qui n'ont pas l'intention de sacrifier à la mode du changement se rassurent : avec Windows 98, ils ne constateraient aucune différence.

Créer votre page Web

Les adresses des sites Web citées étaient exactes à la fin du premier semestre 1998, mais les choses étant ce qu'elles sont sur le Web, il n'est pas certain que quelques-unes d'entre elles n'aient pas subi des mutations au moment où vous souhaiterez les utiliser.

Afin de faciliter leur exploitation ultérieure et pour ne pas alourdir le texte, la plupart des URL des ressources citées ont été regroupées à la douzième heure (Les bonnes adresses).

On appelle URL une adresse de ressource Internet. Vous en apprendrez plus sur ce sujet au cours de la sixième heure.

Conventions typographiques

Afin d'en faciliter la lecture, nous avons adopté dans cet ouvrage les conventions typographiques suivantes :

Les listings représentent le codage des pages Web et, plus généralement, les éléments d'un langage de programmation ou de codage apparaissent dans une `police à pas fixe`.

Les adresses Internet, comme **http://www.ssm.fr** (le site de Simon & Schuster Macmillan France), sont en gras.

Les pictogrammes placés en marge signalent des notes qui vous apportent un supplément d'information, éclairent une notion nouvelle ou présentent un terme rencontré pour la première fois. Le pictogramme employé vous renseigne sur le contenu de la note.

Ces rubriques vous apportent un supplément d'information relatif au sujet traité.

Ce pictogramme signale l'explication d'un terme spécifique rencontré pour la première fois.

Introduction

Vous trouverez à côté de ce pictogramme des astuces diverses : raccourci clavier, option "magique", technique réservée aux experts...

Ces rubriques vous avertissent des risques inhérents à telle ou telle manipulation et vous indiquent le cas échéant comment éviter les pièges cachés.

Heure 1

Contenu et contenant

Il est (presque) aussi facile de créer une page Web vide de sens et qui ne présente aucun intérêt que de déshonorer un mur avec un tag informe et laid. Dans les deux cas, c'est la même chose : on n'a rien à dire, mais pour compenser un quelconque sentiment de frustration, pour "exacerber son ego", on se manifeste. Si vous avez néanmoins un certain talent artistique, peut-être le vide de votre pensée sera-t-il moins apparent, mais ceux qui ont atterri par curiosité ou par hasard sur votre page risquent fort de ne pas avoir envie d'y revenir et, s'ils vous font de la publicité, elle sera plutôt négative.

La page Web ressemble à une édition à compte d'auteur. Lorsque votre manuscrit aura été refusé par tous les éditeurs de livres, vous pourrez toujours en trouver un qui acceptera de le publier pour peu que vous assumiez tous les frais de l'édition et qu'il puisse réaliser ainsi un appréciable bénéfice. Dans ce domaine, l'avantage du Web, c'est que son coût est pratiquement nul. C'est ainsi que les disques durs de nombreux fournisseurs d'accès sont inutilement remplis.

Créer votre page Web

LE CHOIX D'UN SUJET

Comme nous l'avons précisé dans l'introduction, vous souhaitez créer une page **personnelle**. Nous écarterons donc tout ce qui peut avoir un but commercial. D'ailleurs, la réalisation d'une bonne présentation d'entreprise, que ce soit pour se faire connaître ou pour vanter ses produits, est affaire de spécialistes de marketing et de publicistes. Ce n'est pas un travail d'amateur.

Quelques indications de choix

Alors, que vous reste-t-il ? Voici un aperçu non exhaustif des domaines dans lesquels vous pouvez avoir quelque chose à dire :

- **Votre vie.** A condition qu'elle sorte de l'ordinaire. Avez-vous réalisé un exploit peu commun ? Vous êtes-vous trouvé dans une situation dramatique (pris en otage, par exemple) ? Avez-vous fréquenté une célébrité ? Exercez-vous un métier peu commun ?

- **Vos idées.** Vous avez peut-être des opinions bien arrêtées sur certains sujets qui vous tiennent à cœur et vous souhaiteriez les communiquer, voire les faire partager à d'autres. Ou bien vous appartenez à un parti politique qui n'a pas encore compris l'intérêt du Web pour répandre sa doctrine et vous, simple militant, vous voulez aller de l'avant. Il ne s'agit pas là d'un cas d'école. Avant que ne fussent décidées les élections législatives anticipées de 1997, certains partis politiques n'étaient présents sur le Web que parce que deux ou trois militants en avaient pris l'initiative.

- **Votre gazette personnelle.** Si vous avez un point de vue original sur des sujets d'actualité, si votre esprit critique sait présenter certains événements sous un jour inhabituel, si votre curiosité naturelle vous amène à aborder des sujets qui n'intéressent pas le grand public, vous allez pouvoir en faire profiter vos contemporains. C'est un sujet assez difficile. Outre une bonne "plume", vous devrez savoir vous renouveler afin de maintenir un intérêt constant de la part de vos lecteurs. L'actualité, c'est comme les produits de supermarché : la DLC (date limite de consommation) est vite dépassée.

- **Votre dernière invention.** Les Français sont bricoleurs et inventifs. Si vous êtes un Géo Trouvetout en mal de communication, voilà un moyen peut-être plus efficace que le Concours Lépine d'attirer d'éventuels industriels intéressés par la commercialisation de votre invention. Mais méfiez-vous. N'en dites pas trop avant d'avoir déposé un brevet... Vous pourriez vous faire "piquer" votre idée.

- **Votre violon d'Ingres.** Ce que les américains appellent un *hobby*. Depuis la pêche à la ligne jusqu'à la dégustation comparative des grands Bourgogne en passant par la restauration des motos anciennes, l'éventail est largement ouvert. La presse écrite compte déjà plusieurs périodiques couvrant le sujet. Pourquoi ne pas vous y risquer sur l'Internet ?

- **Le club dont vous êtes membre.** C'est un prolongement du sujet précédent. En France, la vie associative est très vivace, grâces en soient rendues à la loi de 1901 qui se montre très libérale pour créer des associations. Si vous souhaitez que la vôtre puisse élargir son audience, se faire connaître, recruter de nouveaux membres, présentez-la sous son meilleur aspect, montrez ses activités, indiquez la périodicité de ses réunions, le montant de la cotisation, etc.

- **Le fan club que vous avez créé.** Depuis le dernier groupe de folk, rock, rap, truc, machin... à la mode jusqu'aux séries TV dites "cultes", vous n'avez que l'embarras du choix. A vous de rassembler assez de documentation originale et intéressante pour que ceux qui partagent votre passion puissent trouver sur votre site des informations originales ou peu connues sur le sujet qui vous passionne tous.

- **Le dernier programme shareware que vous avez créé.** Si vous êtes un passionné de l'informatique et que vous écrivez des programmes qui vous paraissent susceptibles d'intéresser

Créer votre page Web

autrui, c'est certainement le moyen le plus rapide et le plus efficace de les faire connaître. Proposez-en une version d'essai en téléchargement dans votre page.

- **Et si rien de tout ça ne vous allume ?** Alors, promenez-vous sur le Web et ouvrez grand vos yeux. Vous découvrirez des sujets auxquels vous n'aviez pas pensé et qui vous conviennent parfaitement. A la limite, pourquoi pas une page Web sans sujet précis dont le sujet serait précisément la recherche d'un sujet, pas forcément d'actualité ? Un peu comme une gazette personnelle. Si vous avez de l'imagination, vous pouvez vous y risquer.

Dans tous les cas, il y a un principe à retenir : l'unicité du sujet à traiter. Ne vous dispersez pas ! Gardez un fil conducteur. Plus votre sujet sera original (sans être trop personnel), plus la façon dont il est traité sera vivante et attrayante et plus vous aurez de visiteurs.

Attirer le chaland

Une page Web, c'est comme une vitrine : si elle n'est pas avenante et si elle n'attire pas le regard, il y a peu de chance que le passant occasionnel pénètre dans le magasin (parcoure la présentation Web). Sans être racoleuse, votre page d'accueil doit être telle que, visuellement, elle attire l'œil. Et le visiteur ne doit pas avoir à chercher quel sujet vous pouvez bien traiter. Ne donnez pas, sous prétexte d'esthétisme, dans le travers de ces (mauvaises) publicités vues à la télévision où, au bout de quinze secondes, on se demande encore ce que ça cherche à vendre.

Certaines présentations institutionnelles s'imaginent devoir être rigoureuses et sévères (voire ennuyeuses) ; d'autres, au contraire, s'efforcent de ressembler à Times Square par leur clinquant. La Figure 1.1 montre une présentation agréable se situant raisonnablement entre ces deux extrêmes, celle du site de l'entreprise de VPC bien connue La Redoute.

Heure 1 : Contenu et contenant

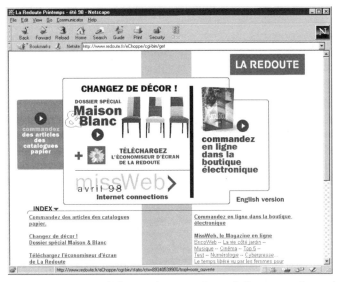

Figure 1.1 : Le site Web de La Redoute se présente de façon attractive, mais discrète.

Quelques exemples

Voici une liste de quelques sujets déjà traités montrant la grande variété des thèmes qu'on peut aborder ainsi que la façon de les approcher visuellement. La plupart sont des réalisations d'amateurs. Ce que nous voulons montrer par cette courte liste, c'est qu'aucun sujet n'est à l'abri du Web.

- Tout sur Sherlock Holmes : **http://www.interpc.fr/mapage/canevet/holmes/indessai.htm**

- Les apparitions d'Alfred Hitchcock dans ses films : **http://hitchcock.alienor.fr/apparition.html**

- L'Amicale des Motos Gnome & Rhône : **http://www.mygale.fr/10/amgr/amgr.htm**

- Le Web pour rigoler (*sic*) : **http://www.rigoler.com/**

Créer votre page Web

- Le chocolat : **http://www.chocoland.tm.fr**
- Une page sur Pierre Dac : **http://www.imaginet.fr/~bregeon/PDac.html**
- Le cabinet de philosophie : **http://www.socrate.com**
- La culture asiatique **http://eurasie.comfm.fr/**
- Il n'y a que l'ail qui m'aille : **http://home.nordnet.fr/~slenfant/as.htm**
- La pensée du jour : **http://www.sit.ulaval.ca/pagespersonnelles/phf/musee.html**
- Le Quid : **http://www.quid.fr**
- Tout sur le hard(ware) du PC : **http://www.hardware-fr.com**
- La page personnelle de Yann : **http://www.mygale.org/06/wolfgane/wolfo.htm**
- Le Loto sportif ; comment être sacré le meilleur pronostiqueur : **http://www.mygale.org/oo/jch/regles.htm**
- La Redoute : **http://www.redoute.fr**
- Le Bureau des Longitudes : **http://www.bdl.fr**
- La SPA : **http://www.spa.asso.fr**
- Les anciens du lycée Joffre : **http://www.mygale.org/oo/joffre/**
- Les fontaines Wallace : **http://www.mygale.org/07/savoy**
- Tout sur les plantes d'appartement ; soins, classification... : **http://www.mygale.org/oo/dolby/appart2.htm**
- La Présidence de la République : **http://www.elysee.fr**

QUI VOULEZ-VOUS SÉDUIRE ?

Si vous publiez, c'est pour être lu. Encore faut-il savoir par qui. Vos lecteurs ne vont pas tomber par hasard sur votre présentation et nous verrons au cours de la onzième heure comment vous faire

 14

Heure 1 : Contenu et contenant

connaître. Encore faut-il définir la façon dont vous entendez ratisser : large (vous adresser à l'ensemble de la population surfeuse) ou étroite (à une fraction bien caractérisée des assidus du Web).

Quel secteur d'intérêt ?

Selon le *lectorat* visé, vous devrez adapter votre forme d'expression. Vous n'allez pas vous adresser de la même façon à un public de spécialistes et à un auditoire de simples curieux. Si le sujet de votre page Web est l'évolution de l'usage de la virgule chez les écrivains naturalistes du XIXe siècle (pourquoi pas, après tout ?), le ton de vos propos et le vocabulaire que vous allez employer devront être châtiés. Si vous avez choisi pour cible des amateurs de belles mécaniques, évitez de rédiger ainsi votre page :

```
La firme s'imposa rapidement pour les cubatures entre 175 et
500 cm³. Elle restait fidèle aux freins sur jante et au grais-
sage à simple perte, mais fournissait au gré du public le
modèle avec une boîte de vitesses à deux temps, montée dans le
corps de l'arbre à cardan.

C'était un véhicule à deux roues avec un cadre à tube double
spatial. Le réservoir plat, fixé au cadre d'un seul côté, en
raison du montage, conservait sans cesse sa forme angulaire. Un
cadre tubulaire simple, portait à l'avant une fourche à suspen-
sion à ressort culbutrice. Il était à culbuteur avant à ressort
central enroulé. A part la commande par moteur, la motocyclette
était équipée de pédales. Le garde-boue arrière servait aussi
de modérateur du chauffage.
```

N'oubliez pas que l'un des seuls points communs à tous ceux qui constituent le public du Web est qu'ils savent se servir d'un navigateur et ont quelques idées de la richesse qu'ils peuvent trouver sur le média. Ce ne sont pas toujours des informaticiens, loin de là !

Quelle nationalité ?

Nous ne vous apprendrons rien en disant que l'usage de la langue anglaise est prépondérant sur l'Internet et donc sur le Web. Au point que beaucoup de présentations dites "institutionnelles" prévoient une version anglaise de leur texte. C'est le cas, par exemple,

Créer votre page Web

du site du CNRS (le Centre national de la recherche scientifique) dont la Figure 1.2 montre la page d'accueil.

 La page d'accueil est la page initiale d'une présentation Web, celle sur laquelle on arrive en premier et à partir de laquelle on peut explorer le reste de la présentation.

Figure 1.2 : La page d'accueil du CNRS propose une version en langue anglaise.

Inversement, certaines entreprises importantes comme Microsoft prévoient des versions nationales à destination des principaux pays du monde comme on peut le voir sur la Figure 1.3.

Dans une présentation personnelle, il est rare d'en arriver à ce point. Avec la langue française, vous couvrirez tous les pays francophones, ce qui n'est déjà pas si mal (n'oubliez pas que, outre la Belgique et la Suisse, vous atteignez ainsi le Québec). Mais si vous êtes auteur de shareware ou que le sujet que vous traitez mérite d'après vous une audience importante, rien ne vous empêche de prévoir une version en anglais. Cela vous imposera la mise à jour concomitante des deux versions, car n'oubliez pas qu'une présentation Web est une chose vivante qu'il faut régulièrement nourrir, corriger, améliorer, compléter.

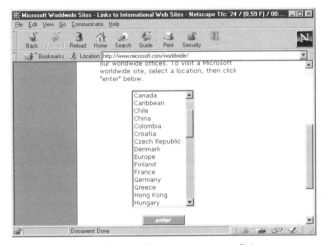

Figure 1.3 : Microsoft prévoit des versions personnalisées pour différents pays.

Quelle structure adopter ?

Une page Web n'est pas une conversation de salon. Il faut que vos lecteurs potentiels aient des points de repère. Avec un journal imprimé, on peut facilement étaler plusieurs pages devant soi. Le Web impose des restrictions en ne vous présentant qu'une seule page à la fois, ayant au plus la taille d'un écran. Bien sûr, rien n'empêche un surfeur d'afficher simultanément sur son écran plusieurs de vos pages. Mais les écrans usuels étant le plus souvent de taille tout juste suffisante pour une seule page, vouloir en afficher plus d'une seule est une gageure qu'éviteront soigneusement de risquer les amateurs avertis. Dès lors va se poser le problème de la *navigation* que nous traiterons au cours de la deuxième heure.

Créer votre page Web

Cette fragmentation impose une certaine rigueur dans la structure d'une présentation. Il est impératif que vos lecteurs aient des points de repère pour trouver ce qui les intéresse, aller plus loin, revenir en arrière. Outre une certaine rigueur dans le découpage de votre sujet, nous verrons que ça impose quelques contraintes dans le choix des moyens à mettre en œuvre. Bien que la notion de page n'ait ici rien à voir avec celle qui s'applique à un livre ou à un journal, nous allons retrouver les grandes lignes régissant une composition imprimée.

Le titre

D'abord un titre (si possible accrocheur) suivi d'une brève présentation du sujet que vous allez traiter. N'oubliez pas que, lorsqu'un surfeur appelle une page Web, c'est presque toujours sur cette page d'accueil qu'il va tomber. A vous de lui donner envie de poursuivre son exploration. Regardez les pages de publicité des revues, les gros titres des journaux et vous aurez une idée des moyens employés pour attirer puis retenir l'attention du flâneur. Ce titre peut être suivi d'une table des matières ou plutôt de sous-titres évoquant les rubriques que vous allez aborder. Le lecteur n'a peut-être pas l'intention de les lire dans l'ordre où vous les avez proposées, c'est pourquoi il faut créer des appels de liens afin qu'en cliquant sur l'un de ces sous-titres, on parvienne immédiatement à la page où le sujet est développé. Nous reviendrons sur la structure de ces menus de liens au cours de la cinquième heure.

 Un appel de lien est constitué par un mot, une suite de mots ou une image, sur lequel le visiteur clique pour afficher la page ainsi signalée.

Le corps du sujet

Viennent ensuite les différentes rubriques qui constituent le cœur de l'exposé. Leur nombre et leur agencement dépendent du sujet abordé. Dans la mesure du possible, insérez des images. Pas n'importe lesquelles : il faut qu'elles soient en situation. Résistez à la

Heure 1 : Contenu et contenant

tentation d'en mettre beaucoup et surtout de les choisir de grande taille, car leur temps de chargement risquerait d'indisposer votre visiteur et, lassant sa patience, de le pousser à aller voir ailleurs.

La fin de la présentation

Comment doit se terminer la page ? Pas nécessairement par une conclusion, pour la simple et bonne raison que généralement ça ne s'impose pas. Certes, si vous racontez l'histoire fantastique et incroyable qui vous est arrivée, c'est là qu'on va trouver le dénouement. S'il s'agit de la page d'une association 1901, vous pouvez placer à la fin un bulletin d'adhésion téléchargeable. Mais si c'est votre gazette personnelle, elle peut très bien se terminer de façon abrupte, surtout si les sujets abordés n'avaient pas de liens clairement établis entre eux. A vous de voir...

On donne souvent sous une référence du genre "Autres sites à consulter", une liste d'autres présentations Web dont le sujet se rapproche de celui qu'on veut traiter. L'usage veut qu'on demande au *webmaster* concerné la permission de le référencer. En réalité, c'est souvent un artifice pour se faire référencer soi-même par celui qu'on cite. Pourquoi pas, après tout ?

Un webmaster *est celui ou celle qui est responsable de la rédaction et de la mise à jour d'une présentation Web. Eviter le terme* webmestre *qui est grammaticalement incorrect.*

La signature

Comme dans la presse écrite, il est d'usage de signer son œuvre. Inutile de mettre votre adresse postale, mais, par contre, n'oubliez pas que vous êtes sur Internet et que le Web est un média interactif. Indiquez donc votre adresse *e-mail*, ce qui pourra inciter vos lecteurs à vous faire part de leur opinion. Evitez de leur soumettre un questionnaire. D'abord parce que les gens n'aiment pas toujours répondre à des questions précises, car ils ne sont déjà que trop sollicités. Et ensuite parce que, sur le plan technique, cela

Créer votre page Web

demande la mise en place de formulaires dont la gestion est rarement acceptée par les fournisseurs d'accès. Nous reviendrons sur les formulaires à la huitième heure.

La fraîcheur de la page

Certaines informations perdent tout intérêt après quelque temps. Par exemple, le délit d'initié perd très vite de son intérêt. Des sujets comme les prévisions météo ou les cours de la bourse ne sont intéressants que si on sait à quelle date précise (voir à quelle heure) ils ont été publiés. Pareil pour une page ayant pour titre "Les dernières nouveautés informatiques". Comme nous le verrons, une fois terminée l'écriture d'une présentation, le travail ne fait que commencer car, cette présentation, il va falloir la faire vivre et y amener des nouveautés pour que ceux qui l'ont découverte y reviennent. Afin de les inciter à aller plus loin que la page d'accueil, prenez l'habitude d'indiquer de façon bien visible la date de dernière mise à jour, quelque part dans le premier écran. La Figure 1.4 vous en montre un exemple.

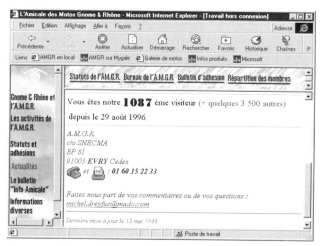

Figure 1.4 : La date de dernière mise à jour est un gage de fraîcheur d'une présentation.

Le compteur

Très souvent, vous voyez sur la page d'accueil une phrase disant quelque chose comme :

Vous êtes le 367ème visiteur

Ce compteur de visites, lorsqu'il est honnêtement géré, permet une mesure de la fréquentation de votre site. Si nous disons "honnêtement", c'est parce qu'un emplacement mal choisi permet de compter plusieurs fois la même visite. Sans oublier la possibilité de démarrer le compteur à une valeur différente de zéro. Sur la Figure 1.4, on remarque, au-dessus de la date de dernière mise à jour, le nombre de visiteurs ayant vu la page de l'AMGR.

Ce système de comptage s'effectue grâce à un *script* se trouvant sur le serveur, mais il s'agit là d'un script standard dont l'accès est offert par la plupart des fournisseurs d'accès. Si le vôtre se montre restrictif à cet égard, il existe des compteurs publics auquel il est assez facile d'avoir accès. Mais, là encore, vous aurez plus de détails dans une prochaine heure.

Un script est un court programme qui se trouve sur le serveur de la présentation et qui est chargé de réaliser une fonction particulière pour une présentation Web.

ATTENTION AU COPYRIGHT !

Vous ne pouvez pas mettre n'importe quoi dans une page Web. Comme tout ce qui devient public, vous tombez sous le coup des lois régissant la reproduction des créations intellectuelles quelles qu'elles soient : textes, dessins, sculptures, photos, musique... A moins que cette œuvre ne soit tombée dans le domaine public.

En 1996, plusieurs éditeurs de musique, détenteurs des droits légaux, ont intenté collectivement une action en justice contre des élèves appartenant à des écoles d'ingénieurs qui avaient utilisé le texte d'une chanson de Jacques Brel dans leur page Web. Et ils ont

Créer votre page Web

gagné. Plus récemment, un étudiant qui avait adapté le poème de Raymond Queneau *Cent mille milliards de poèmes* (qui s'y prête particulièrement bien) pour une présentation Web a été assez lourdement condamné sur plainte du fils de l'auteur.

Vous avez parfaitement le droit de reproduire *in extenso* une fable de La Fontaine, depuis longtemps tombé dans le domaine public. De même pour Beethoven. Mais pour plaquer sur votre page le premier mouvement de la 14e sonate (le célèbre *Clair de Lune*), vous n'avez pas le droit d'emprunter pour cela le disque de Daniel Baremboim, car les droits de l'interprète sont, eux aussi, protégés. Mieux vaut, par prudence, l'enregistrer vous-même (si vous en êtes capable, techniquement et surtout artistiquement).

Néanmoins, vous avez le droit de citation, c'est-à-dire d'emprunter un court fragment à un article ou à une œuvre d'un auteur contemporain. Pour savoir avec précision où finit la citation et où commence le pillage, adressez-vous à votre avocat habituel. Pour reproduire un article ou quelques paragraphes d'un article publié dans un journal, commencez par en demander la permission à l'auteur ou au rédacteur en chef du journal en indiquant clairement l'utilisation que vous voulez en faire. Souvent, surtout si votre publication est effectuée pour une association sans but lucratif, vous obtiendrez cette autorisation, sous réserve de la citation de votre source.

On trouve beaucoup de sites qui proposent gratuitement des images. La plupart vous demandent simplement de citer leur nom, ce qui est la moindre des choses. Ne recopiez pas servilement une image qui vous a plu dans la présentation d'autrui même s'il s'agit d'une page personnelle : le droit de reproduction n'est pas transmissible.

Respectez la législation

Un certain nombre de sujets ne doivent pas être abordés publiquement : la propagande raciste, les théories néo-nazies, la pédophilie ou le révisionnisme comptent parmi ceux qu'il faut éviter — et c'est bien heureux. Vous tomberiez alors sous le coup de la

Heure 1 : Contenu et contenant

loi et pourriez être poursuivi ainsi que votre fournisseur d'accès. La plupart de ceux-ci introduisent une clause de ce genre dans les conditions d'hébergement d'une publication.

Tous les navigateurs ne naissent pas égaux

Venons-en maintenant à ce que vos lecteurs vont voir. Ne croyez pas que votre présentation leur apparaîtra telle que vous l'avez conçue. Selon le navigateur qu'ils utilisent, les options de configuration qu'ils ont choisies et le format de leur écran, les résultats qu'ils obtiendront pourront être très différents de ceux que vous espériez.

Le format de l'écran

La Figure 1.5 montre la page d'accueil d'une présentation consacrée à des motos anciennes vue avec un écran 640 × 480 en affichant les images. Les rubriques figurant dans le cadre de navigation, à gauche, sont légèrement amputées et, plus grave, l'image principale, à droite, est tronquée et il faut agir sur les barres de navigation pour la voir entièrement.

Figure 1.5 : Une page Web affichée en 640 × 480 apparaît tronquée.

Créer votre page Web

La même image, affichée en 800 × 600 (voir Figure 1.6), montre tous les détails et même des renvois de navigation, sur le côté droit, qui permettent de remonter au catalogue ou à la page d'accueil et dont on ne soupçonnait pas l'existence sur la figure précédente. Ce dernier format est actuellement le plus utilisé et c'est sans doute celui qui apporte le plus de confort visuel sans exiger des écrans aux performances supérieures.

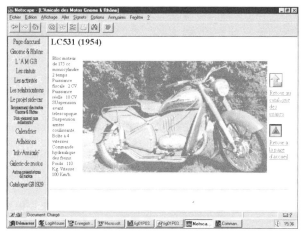

Figure 1.6 : La même page, affichée en 800 × 600 apparaît complète et affiche même des renvois de navigation.

L'affichage des images

Pour gagner du temps, l'internaute peut décider de ne pas afficher les images, acceptant ainsi (de gaieté de cœur ?) de se priver d'un des principaux attraits du Web. On peut voir sur la Figure 1.7 la page d'accueil de Microsoft France affichée normalement sur un écran 640 × 480 et, sur la Figure 1.8, la même en ayant supprimé le chargement des images. La différence de qualité parle d'elle-même !

Heure 1 : Contenu et contenant

Si les auteurs de cette page n'avaient pas utilisé un artifice permettant de remplacer une image absente par un court texte qui en résume l'aspect, les menus de navigation auraient complètement

Figure 1.7 : La page d'accueil de Microsoft France, affichée normalement.

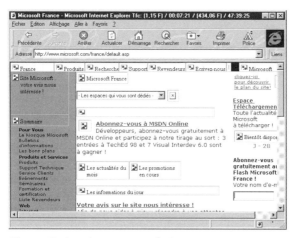

Figure 1.8 : La même page, sans les images.

Créer votre page Web

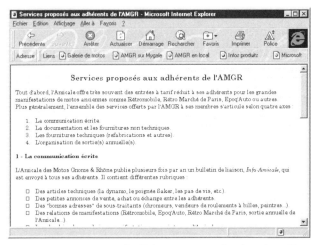

Figure 1.9 : Une page Web affichée avec une police de petite taille.

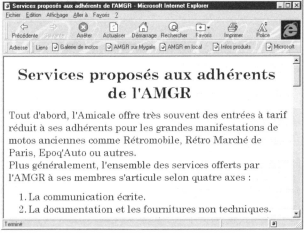

Figure 1.10 : La même page Web affichée avec une police de grande taille.

disparu. Certains sujets, privés d'images, perdent alors tout intérêt. Le cas extrême est celui où la présentation Web sert à montrer une galerie de tableaux ou des affiches.

Le choix de la police de caractères

Enfin, le choix, pour l'affichage, d'une police de petite taille (voir Figure 1.9) ou au contraire, de taille très grande (voir Figure 1.10), va modifier de façon importante la mise en pages et même la navigation dans une présentation.

L'utilisation d'un navigateur trop ancien

Et encore, pour ces essais, avons-nous choisi des navigateurs modernes qui reconnaissent toutes les spécifications de l'avant-dernière "norme" HTML, la 3.2. Pourquoi pas la dernière (HTML 4.0) ? Pour deux raisons : d'abord (comme nous l'avons indiqué dans l'introduction) parce que les dernières versions des navigateurs de Netscape ou de Microsoft ne sont pas encore à même d'en supporter toutes les innovations ; ensuite, parce que les surfeurs du Web sont, pour beaucoup, restés fidèles à une version qu'ils connaissent bien et dont ils sont généralement satisfaits.

Si votre utilisateur utilise un navigateur... exotique, soit parce qu'il utilise un matériel peu répandu ou bien parce qu'il est resté fidèle au navigateur qu'il a découvert en 1995 ou encore par paresse ou par ignorance, il risque de se trouver privé de l'affichage d'une grande partie de la page. La Figure 1.11 montre la page d'accueil de l'AMGR affichée par Internet Explorer et la Figure 1.12 la même page vue avec Mosaic, navigateur réalisé par l'université américaine de l'Illinois, qui a été l'un des premiers à permettre l'exploration du Web, mais qui s'est trouvé rapidement dépassé par des concurrents plus prestigieux comme Netscape ou Microsoft. (L'université a d'ailleurs décidé, début 1997, de ne plus continuer les développements du produit, mais d'en céder des licences à qui en voudrait.)

Créer votre page Web

Figure 1.11 : La page d'accueil de l'AMGR vue avec Internet Explorer

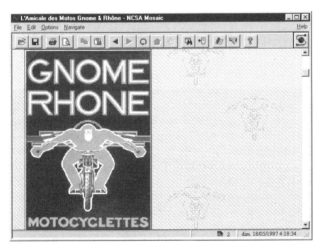

Figure 1.12 : La page d'accueil de l'AMGR (ou plutôt ce qui en reste) vue avec Mosaic.

Heure 1 : Contenu et contenant

LE DILEMME DE L'AUTEUR WEB

Tous ces éléments vont vous amener à vous poser une question : "Pour qui dois-je composer ma présentation Web ? Pour le plus grand nombre ou pour ceux de mes visiteurs qui utilisent les plus récents navigateurs ?". Comme souvent, il n'est pas facile de répondre de façon nette. Pour notre part, nous pensons qu'il est raisonnable de se fixer un profil d'utilisateur moyen : celui qui possède un matériel et des logiciels pas trop démodés (ce qui en informatique signifie : n'ayant pas plus de deux ans) et qui sait les configurer sans trop de maladresse. Ce qui revient à écarter les deux extrêmes : ceux qui ont encore des modems à 4 800 bps et des navigateurs en mode texte tels que Lynx, d'une part ; ceux qui ont Internet Explorer 5+++ ou Netscape Super Navigator 6*** avec une liaison directe à l'Internet par une voie à 2 Mbps, d'autre part.

Quoi qu'il en soit, évitez de placer sur votre page d'accueil un message comme celui que montre la Figure 1.13, signalant que votre page "est optimisée pour" tel ou tel navigateur. Ce serait reconnaître que vous êtes incapable de réaliser un site Web que tout le monde puisse voir dans de bonnes conditions. Ou pis encore, que vous êtes payé par un éditeur de logiciel pour faire de la propagande pour son navigateur.

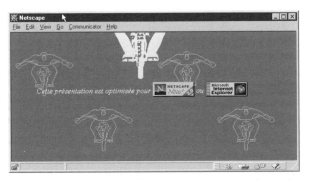

Figure 1.13 : Evitez ce genre de message sur votre page d'accueil : c'est généralement un aveu d'impuissance.

On en arrive alors à définir un profil d'utilisateur moyen utilisant Netscape Navigator ou Internet Explorer version 3 ou plus récente et équipé d'un modem à 28 800 bps. Cette configuration permet de charger des images de taille raisonnable dans un temps, lui aussi, raisonnable. Car se priver d'images sur le Web, c'est comme faire un régime sans sel : on survit, mais sans le plaisir de manger, en se contentant de se nourrir.

Heure 2

La navigation dans une page Web

L'expression "page Web" est trompeuse, car la notion de page a peu de chose à voir avec une page de journal ou de livre. Sur ces supports, c'est le format du papier qui détermine ce que peut contenir la page et, que vous achetiez votre journal à Nîmes ou à Lille, que vous le lisiez assis sur un banc ou dans le métro, la page physique (matérielle, réelle) contiendra toujours la même chose.

Une page Web représente la partie d'une présentation Web pouvant être affichée dans un écran.

Une présentation Web est l'ensemble des pages Web traitant d'un sujet particulier. On dit aussi site Web bien qu'il y ait ainsi un risque de confusion avec le serveur sur lequel est installé une présentation Web.

Nous avons montré au cours de l'heure précédente qu'il était loin d'en être de même avec le Web, en raison de la diversité des

Créer votre page Web

matériels, des systèmes et des options de configuration. L'un des premiers inconvénients qui vont en résulter, c'est la disparition des repères auxquels nous sommes accoutumés : pagination, table des matières, index. Or, de même qu'on peut lire tel ou tel chapitre d'un livre sans nécessairement procéder dans leur ordre naturel, dans une présentation Web, on doit pouvoir atteindre la rubrique à laquelle on s'intéresse sans avoir besoin pour cela de "feuilleter" tout ce qui précède.

D'un autre côté, l'enchaînement des pages Web n'est pas forcément séquentiel comme c'est le cas pour les pages d'un livre. Si on admet — ce qui est le cas général — que chaque rubrique d'une même présentation est représentée par un fichier distinct, on peut avoir plusieurs types d'organisations que nous allons passer en revue.

L'ORGANISATION SÉQUENTIELLE

Elle est schématisée par la Figure 2.1. En dehors de quelques cas très particuliers, cette organisation qui reproduit celle de l'écrit est à éviter, car on ne peut atteindre une rubrique donnée qu'en parcourant toutes celles qui précèdent. Elle se révèle très contraignante pour le lecteur, prisonnier du carcan imaginé par l'auteur, et qui ne peut pas s'en échapper pour adopter le parcours qui lui convient. On ne voit d'ailleurs pas la nécessité de cette décomposition. Une seule page suffirait.

L'avantage d'avoir plusieurs pages courtes au lieu d'une longue page est de pouvoir profiter des commandes Page précédente et Page suivante du navigateur pour cheminer vers l'avant et vers l'arrière dans la présentation en l'absence de tout autre instrument de navigation.

Heure 2 : La navigation dans une page Web

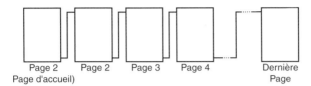

Figure 2.1 : Organisation séquentielle (comme un livre) d'une présentation Web.

L'ORGANISATION CENTRALISÉE

Cette organisation, illustrée par la Figure 2.2, est typique des pages Web : dans une page d'accueil, différents pointeurs (que l'on appelle ici des *liens* et que nous étudierons lors de la sixième heure) permettent d'aller directement à telle ou telle rubrique grâce à un menu. La seule question qui se pose est l'accès à ce menu depuis n'importe quelle page. Le système des *frames* (voir la neuvième heure) apporte une réponse élégante à cette question, mais cette fonctionnalité n'est toujours pas correctement reconnue par tous les navigateurs.

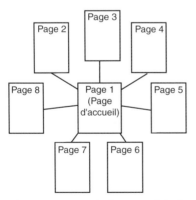

Figure 2.2 : Organisation centralisée d'une présentation Web.

Le problème peut être résolu grâce à des pointeurs situés à la fin de chaque page et qui renvoient à la page d'accueil où se trouve le menu. On aboutit alors à la structure illustrée par la Figure 2.3. Si la page est longue (plus de deux écrans successifs), on ajoute souvent un second pointeur permettant, à partir de la fin de la page, de remonter à son début.

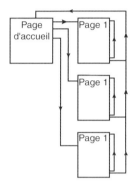

Figure 2.3 : Organisation centralisée avec renvois à la page d'accueil.

L'ORGANISATION HIÉRARCHISÉE

Elle convient bien à des notices techniques ou à des classifications ramifiées comme celles qu'on trouve dans les sciences naturelles. Mais on pourrait aussi la retrouver dans des catalogues : celui d'une bibliothèque organisée par type d'ouvrages, puis par auteurs, puis par éditeurs, etc. ; ou d'une discothèque organisée par siècle, forme musicale, auteur, numéro d'opus, nom d'interprète, etc. ; ou encore pour le jardinage : potagers, fleurs, arbres, saisons, mois, types de cultures...

L'ORGANISATION TENTACULAIRE

Dans une présentation comportant beaucoup de pages, pour peu qu'on n'y prenne garde, on peut arriver à une structure ou plutôt à une absence de structure telle que celle que représente la Figure 2.5. L'auteur aura autant de mal à s'y retrouver lors de ses mises à jour que le lecteur de peine à y naviguer.

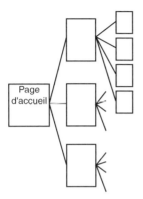

Figure 2.4 : Organisation hiérarchisée.

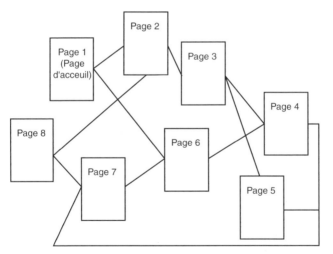

Figure 2.5 : Organisation ramifiée peu pratique.

Sans aller jusqu'à cet extrême, on peut aboutir à une organisation dans laquelle une page particulière doit pouvoir être atteinte à partir de n'importe quelle page. Cela pourrait être le cas d'un glossaire de termes techniques, par exemple. Malheureusement, HTML ne permet pas, à l'heure actuelle, de résoudre commodément ce problème, car la notion de sous-programme en est absente. Pouvoir afficher une page déterminée et revenir ensuite automatiquement à la page qu'on avait quittée n'a pas été prévu et aucun éditeur de navigateur n'a encore songé à introduire ce perfectionnement. Les frames (appelées aussi cadres) et surtout JavaScript (voir la dixième heure) permettent de résoudre partiellement ce problème.

Rien ne vous empêche d'adopter une structure qui soit un mélange de celles que nous avons présentées. C'est votre présentation et c'est vous qui en êtes l'architecte.

APPROCHE PRATIQUE DE L'ORGANISATION

Une fois choisi votre sujet selon les suggestions que nous vous avons présentées lors de la première heure, mieux vaut ne pas vous lancer tête baissée dans l'écriture de vos pages sans avoir esquissé préalablement la façon dont elles vont être organisées. C'est ce que les auteurs américains appellent le *storyboard*, terme emprunté au cinéma et qu'on peut traduire en français par *découpage*. Pour cela, le papier et le crayon semblent être le support idéal. Les adeptes de la pensée shadock[1] pourront utiliser un logiciel de dessin à cet effet, mais le jeu n'en vaut pas la chandelle.

Ce découpage devra mettre en lumière la répartition des rubriques traitées par page et surtout le cheminement qui permet de passer de l'une à l'autre. Dans le cadre d'une présentation Web personnelle, étant donné la place limitée (en général de l'ordre de 5 Mo) dont on dispose, on ne risque pas d'atteindre des niveaux de complexité tels qu'il soit nécessaire d'établir un montage sur planche de liège avec des rectangles de carton, des ficelles de couleur et des punaises comme c'est le cas pour certaines présentations professionnelles. Deux approches sont ici possibles.

---

[1] "Pourquoi faire simple quand on peut faire compliqué ?"

L'approche constructionniste

Vous avez un cerveau parfaitement organisé et, de même que Beethoven parvenait à "entendre" ses compositions malgré sa surdité, d'après leur partition, vous êtes capable de prévoir de A à Z ce que contiendra votre présentation Web. En conséquence, vous avez décidé que vous n'écririez pas une seule ligne (ou que vous ne lanceriez pas votre éditeur HTML) tant que votre plan ne serait pas esquissé dans ses moindres détails avec tous les liens dans un sens et dans l'autre soigneusement précisés, toutes les images et autres fichiers multimédias rassemblés.

Félicitations ! Vous méritez la palme d'or du Web. Ou alors, une fois que tout sera terminé et que la dernière ligne sera écrite, vous vous apercevrez avec consternation que le résultat obtenu n'est pas conforme à ce que vous espériez et qu'il ne vous reste plus qu'à tout recommencer.

L'approche expérimentale

C'est la politique des petits pas. Vous voyez *grosso modo* l'organisation d'ensemble, mais, comme vous êtes un sage, vous préférez commencer par concevoir une ou deux rubriques, écrire ou générer leur code HTML et, sans aller plus loin, voir à l'aide d'un navigateur si le résultat obtenu correspond bien à vos espérances. En général, ce ne sera pas le cas et vingt fois (en pratique, cinq ou six seulement) vous allez devoir sur le métier remettre votre ouvrage. C'est de cette façon que vous allez pouvoir trouver le *ton*, le *rythme* qui vous paraissent convenir au sujet que vous abordez. Une fois que ce sera fait, vous n'aurez plus qu'à organiser les autres rubriques sur le même modèle.

C'est l'approche que nous préférons, et de loin. Elle nous paraît mieux correspondre à l'idée de chose vivante qu'est une présentation Web, sans cesse mise à jour et recommencée, que l'approche constructionniste, par trop rigide.

Créer votre page Web

Conseils de mise en pages

Comme nous le verrons, HTML permet dans une certaine mesure de choisir la police d'affichage du texte. Les débutants qui découvrent le traitement de texte s'empressent d'employer le plus grand nombre de polices possible, aboutissant ainsi à des textes hétéroclites et souvent difficiles à lire. Ce qui donne son ton au contenu, c'est l'uniformité de sa présentation. Ce qui ne veut pas dire qu'on doive toujours adopter la police Times classique. Il existe d'autres polices, plus ou moins fantaisistes, et qui conviennent très bien pour des pages personnelles.

Malheureusement, si votre lecteur utilise un navigateur qui ne reconnaît pas la commande HTML de choix d'une police ou dont le système d'exploitation ne possède pas la police spécifiée, il verra tout autre chose que ce que vous, l'auteur, aviez prévu. Aussi, sous Windows, pour minimiser les risques, choisissez l'une des polices standard comme Times Roman, Arial, Courier ou Line Printer. Quoi qu'il en soit n'utilisez pas plus de deux polices dans votre présentation, sauf dans des cas très particuliers, si vous recherchez des effets spéciaux. Et, dans ce cas, prévenez votre lecteur que pour voir votre présentation dans de bonnes conditions, il doit avoir installé les polices dont vous donnez la liste. Ainsi, s'il lui en manque certaines, il ne sera pas trop déçu et si le sujet que vous traitez (et surtout la façon dont vous le traitez) l'intéresse réellement, il pourra se procurer les polices qui lui manquent et revenir plus tard à votre page.

 Ne lui proposez pas de télécharger les polices nécessaires à moins que vous soyez certain qu'elles sont bien dans le domaine public, ce qui n'est pas toujours le cas.

Heure 3

Les bases de HTML

HTML, c'est la langue du Web. Il ne s'agit pas d'un langage au sens de la programmation, mais plutôt d'un idiome ou même d'un dialecte. On parle HTML pour être compris par un navigateur comme on parle anglais pour être compris d'un citoyen de la (perfide) Albion. Comme tout langage, HTML possède sa syntaxe et son orthographe. Que le lecteur se rassure, nous n'allons pas faire ici un docte exposé de ces règles mais, après avoir énoncé quelques principes généraux, voir sur chacune des commandes HTML les plus courantes la façon dont il faut l'employer.

HTML signifie HyperText Markup Language, c'est-à-dire langage hypertexte à balises.

Les plus récents éditeurs HTML se targuent de permettre de composer des pages Web sophistiquées sans avoir besoin de connaître le moindre élément du langage. Dans certains cas, toute exagération publicitaire mise à part, c'est peut-être vrai, mais nous croyons qu'il n'est pas inutile de connaître la structure interne des documents générés, c'est-à-dire d'apprendre quelques commandes HTML. Plusieurs raisons justifient cette opinion, parmi lesquelles :

- Dans certains cas, vous voulez ajuster plus précisément ce que l'éditeur vous montre et vous ne savez pas comment vous faire comprendre de cet *%?$£!! d'éditeur (ou bien il n'est pas capable de faire ce que vous voudriez). Le seul remède consiste alors à mettre les mains dans le cambouis.

- HTML évolue plus vite que les éditeurs. Pour utiliser de nouvelles commandes HTML ignorées de votre éditeur favori, la solution consiste à les incorporer directement dans vos pages au moyen d'un banal éditeur de texte.

- Les plus valeureux des éditeurs HTML ne sont pas à l'abri d'un bug. Rectifier le (mauvais) code généré est alors très facile pour peu que vous sachiez reconnaître les commandes HTML.

A LA RECHERCHE DU STANDARD PERDU

A sa naissance, HTML comportait peu de commandes, car il avait été conçu principalement pour manipuler du texte et décrire des documents de structure relativement simple. Devant le succès remporté par le Web, les éditeurs de navigateurs et principalement Netscape se mirent à l'enrichir de nouvelles commandes afin de lui donner davantage de souplesse et de puissance. Sous la pression des utilisateurs et des éditeurs de logiciels, le comité officiel en charge de la normalisation de HTML, le W3C, finit par reconnaître la plupart des nouveaux marqueurs et ce fut la version 2. Mais cela n'empêcha pas Netscape de continuer à innover et, comme de son côté, Microsoft venait de se réveiller et de découvrir l'Internet et le Web, ce fut à qui proposerait les commandes les plus variées.

Ces extensions furent soumises au W3C en compagnie d'autres propositions en vue de constituer une version 3, mais le temps passait et rien n'était conclu. Sans doute à cause de l'ampleur des

Heure 3 : Les bases de HTML

extensions proposées (feuilles de style et saisie des textes mathématiques, par exemple). En désespoir de cause, en mai 1996, fut annoncée la version 3.2 qui excluait ces deux poids lourds et entérinait presque toutes les modifications proposées par Netscape et Microsoft. Les feuilles de style font maintenant partie de la dernière version du langage (4.0).

En dehors de quelques commandes accessoires (touchant principalement le multimédia) et d'attributs dont l'intérêt reste à démontrer, Netscape Navigator et Internet Explorer (qui représentent plus de 90 % des navigateurs utilisés dans le monde entier) reconnaissent pratiquement toutes les spécifications de HTML 3.2. Toutes les nouveautés qu'apporte HTML 4.0 ne sont pas encore implémentées. On doit tenir compte de ce retard et du fait que tous les utilisateurs ne vont pas se précipiter sur le dernier navigateur sorti lorsqu'on écrit une page Web et qu'on veut que le plus de gens possible la voie dans de bonnes conditions.

Un attribut est un élément placé dans un marqueur ou dans un conteneur et chargé d'apporter des informations complémentaires à la commande HTML concernée.

Une particularité nationale

HTML ne connaît que les 128 caractères de l'alphabet ordinaire non accentués, c'est-à-dire ceux de l'alphabet ASCII ce qui s'explique par le fait que la codification des é, è, ë, ê... n'est pas la même selon les plates-formes utilisées. Heureusement, il existe une astuce pour représenter nos caractères nationaux ainsi que ceux d'autres nations européennes : les *entités de caractères*.

Les entités de caractères consistent en une suite de caractères dont le premier est un & (et commercial) et le dernier un ; (point-virgule) entre lesquels on trouve une désignation abrégée du caractère à représenter ne comportant aucun espace.

Voici quelques-unes des entités usuelles pour notre langue :

é	&eacute;
è	&egrave;
ê	&ecirc;
ë	&euml;
à	&agrave;
ç	&ccedil;

Ainsi, la phrase :

```
Les singulières amours de l'épinoche commune
```

s'écrira, avec des entités de caractères :

```
Les singuli&egrave;res amours de l'&eacute;pinoche commune.
```

Les entités de caractères peuvent aussi se noter sous la forme &#xxx; où xxx représente le code ASCII du caractère à traduire, exprimé en décimal.

Comme nous le verrons au cours de l'heure suivante, la traduction automatique d'une frappe au clavier en entité de caractère n'est pas toujours effectuée par les éditeurs HTML.

Certains caractères spéciaux comme <, > ou &, qui jouent un rôle particulier dans la syntaxe HTML doivent être écrits avec une entité lorsqu'ils apparaissent dans un texte : <, > ou & dans les trois cas cités.

ON SE JETTE À L'EAU

Pour l'instant, nous vous invitons à utiliser le banal éditeur de texte BlocNotes qui accompagne toujours Windows. Au cours de l'heure suivante, nous étudierons quelques-uns des nombreux éditeurs spécialisés qui existent.

Heure 3 : Les bases de HTML

Pour montrer comment on écrit une page Web, le mieux n'est-il pas d'en présenter une, que nous choisirons à dessein simple ? Alors, regardez la Figure 3.1 qui est une copie de l'écran affiché par un navigateur auquel on a soumis le fichier suivant :

> *Dans ce texte, les indentations et interlignes servent uniquement à faciliter la relecture du document HTML. Elles n'ont aucune influence sur l'affichage par un navigateur, comme nous l'expliquerons un peu plus bas.*

```
<HTML>

<HEAD>
  <TITLE>Votre premi&egrave;re page HTML</TITLE>
</HEAD>

<BODY>

<DIV ALIGN=CENTER>
<H1><IMG SRC="aladin.gif">
    Ma petite gazette
    <IMG SRC="aladin.gif">
</H1>
</DIV>

Comme vous le savez, j'ai l'habitude de choisir <I>&agrave; ma
fantaisie</I> les sujets que je souhaite traiter dans mes
pages. Aussi, ne vous attendez pas &agrave; trouver des liens
logiques dans les rubriques que je vous propose. Leur seul
point commun est peut-&ecirc;tre d'&ecirc;tre r&eacute;solument
&agrave; l'&eacute;cart de l'actualit&eacute; dont les
m&eacute;dias traditionnels vous assomment.
<BR>
<IMG SRC="cybds.gif">
<CENTER>
    <H4>Aujourd'hui, je vais vous proposer les sujets suivants :
    </H4>
</CENTER>
<UL>
  <LI>La floraison des astilbes.
  <LI>Pourquoi <B>Hitchcock </B>n'a jamais fait de film sur
      <B>Sherlock Holmes</B>.
  <LI>Les &eacute;tranges amours de l'&eacute;pinoche commune.
```

Créer votre page Web

```
</UL>
<HR>
<ADDRESS>
  Vos commentaires seront les bienvenus &agrave;
  <A HREF=mailto:jdupont@monmail.fr> jdupont@monmail.fr</A>.
  <P>
  Cette page a &eacute;t&eacute; &eacute;crite le 19 mai 1997
  <HR>
</ADDRESS>
</BODY>
</HTML>
```

Figure 3.1 : Votre première page Web.

Pour voir un fichier HTML local avec Netscape ou Internet Explorer, tapez <Ctrl>+<O> puis utilisez la boîte de sélection de fichier pour sélectionner votre fichier. Cliquez sur OK pour l'ouvrir.

Nous allons entreprendre la dissection de ce court fragment.

Heure 3 : Les bases de HTML

Les balises

Une balise est une suite de caractères majuscules ou minuscules sans aucun espace placés entre deux chevrons. On choisit généralement de les écrire en majuscules. C'est la convention que nous avons adoptée ici.

Les commandes HTML sont représentées par des balises : <HTML>, <TITLE>, <BODY>... Certaines de ces balises sont uniques comme celle qui arrête l'affichage sur une ligne et le fait continuer à la ligne suivante : <BR>. On les appelle généralement des *marqueurs*. La plupart vont par paires entre lesquelles on place une suite de caractères. La balise terminale est identique à la balise initiale à un détail près : son nom est précédé d'un slash. On parle alors de *conteneur*. L'effet de la commande se fait sentir sur le texte compris entre la balise initiale et la balise terminale. Ainsi, la phrase suivante :

```
Comme le soir tombait, <B>l'homme sombre</B> arriva
```

sera affichée ainsi :

```
Comme le soir tombait, l'homme sombre arriva
```

(La balise <B> indique que le texte inclus doit être affiché en gras — *bold*, en anglais).

Tout ce qui n'est pas balise est du texte ordinaire et sera donc affiché tel quel. La plupart du temps, il est possible d'imbriquer des conteneurs à condition que le conteneur le plus intérieur soit tout entier compris dans celui de niveau supérieur, et ainsi de suite jusqu'au plus extérieur. Dans le précédent exemple, on aurait pu obtenir un affichage en italique gras en écrivant :

```
Comme le soir tombait, <B><I>l'homme sombre</I></B> arriva
```

ou :

```
Comme le soir tombait, <I><B>l'homme sombre</B></I> arriva
```

Créer votre page Web

Dans le cours du texte, si on veut utiliser certains des caractères ayant une signification particulière, il est nécessaire, comme nous l'avons vu, d'utiliser des entités pour ne pas qu'ils soient interprétés comme des indicateurs de balise. Par exemple, pour afficher le texte suivant :

```
Le conteneur <B> spécifie une mise en gras.
```

on devra écrire dans le document HTML :

```
Le conteneur &lt;B&gt; sp&eacute;cifie une mise en gras.
```

Les attributs

Une balise peut comporter des attributs, certains obligatoires, d'autres optionnels, qui viennent compléter la signification de la commande. Ainsi, dans la commande <IMG> qui permet d'insérer une image, l'attribut SRC= (qui indique le nom du fichier image à insérer) est obligatoire. Par contre, l'attribut ALIGN= de cette même commande est entièrement facultatif. Presque toujours, ce qui suit le signe égal doit être placé entre guillemets comme dans :

```
<IMG SRC="monimage.gif">
```

Les séparateurs

En dehors des signes de ponctuation qui conservent leur signification usuelle (exception faite du point-virgule terminal des entités de caractères), les séparateurs usuels : espace, tabulation et retour chariot sont interprétés comme un seul et unique espace, qu'ils soient uniques ou répétés. Ainsi, le texte HTML suivant :

```
Il    faut, autant
qu'on
     peut,
obliger

tout le monde.
```

sera affiché ainsi :

```
Il faut, autant qu'on peut, obliger tout le monde.
```

Heure 3 : Les bases de HTML

On appelle espace insécable l'entité ** **. *La succession de plusieurs espaces insécables (, par exemple) se traduira par un espace élargi (ayant ici la valeur de trois espaces).*

Les deux divisions d'un fichier HTML

Tout fichier HTML est entièrement situé dans un conteneur `<HTML>` à l'intérieur duquel on trouve deux parties : l'en-tête et le corps.

L'en-tête

L'en-tête est placé dans un conteneur `<HEAD>`. On n'y trouve le plus souvent qu'une seule commande : `<TITLE>` qui spécifie un titre général pour la présentation. C'est ce titre qui sera affiché dans la barre de titre du navigateur. Aucune autre partie de l'en-tête n'est affichée sur l'écran. Dans notre exemple, on a :

```
<HEAD>
<TITLE>Votre premi&egrave;re page HTML</TITLE>
</HEAD>
```

On peut aussi y trouver une commande `<META>` qui est principalement utilisée par les robots de recherche pour le classement automatique d'une présentation. Nous la retrouverons au cours de la onzième heure.

Le corps

Tout le reste du fichier se trouve dans le conteneur `<BODY>`. C'est cette partie qui va contenir les éléments (texte, images...) qui seront affichés. Dans notre exemple, nous trouvons les commandes suivantes :

- `<DIV>` qui indique une subdivision du corps sur laquelle on veut appliquer une mise en forme particulière, un alignement (ici, centrage).
- `<H1>` qui indique un titre du niveau le plus élevé (il y en a 6).
- `<IMG>` qui spécifie l'inclusion d'une image.

Créer votre page Web

- `<BR>` qui est l'équivalent d'un retour chariot (on continue à la ligne suivante).
- `<P>` qui est identique à `<BR>`, mais intercale en plus une ligne vierge.
- `<UL>` et `<LI>` qui permettent de composer une liste à puces.
- `<ADDRESS>` qui contient généralement des indications d'identité relatives au texte et à son auteur.
- `<A>` qui spécifie un appel de lien (ici vers l'envoi d'un message électronique à l'auteur).
- `<HR>` qui insère un trait horizontal (un *filet*) dans le texte.

Ces commandes seront étudiées plus loin, dans cette même heure ou dans une heure prochaine.

Le conteneur `<BODY>` ... `</BODY>` lui-même accepte plusieurs attributs dont trois sont particulièrement utiles :

- `BACKGROUND=nom de fichier image` qui permet d'afficher un papier peint en arrière plan. Cet arrière-plan est défini par une petite image reproduite par effet de mosaïque sur l'ensemble de l'écran. La Figure 3.2 montre le résultat obtenu avec une image de format 160 × 100 pixels.
- `BGCOLOR=nom de couleur` qui permet de peindre l'arrière-plan d'une couleur uniforme.
- `TEXT=nom de couleur` qui définit la couleur du texte pour l'ensemble du document.

Nous les étudierons à la fin de cette heure.

Le cas des commandes inconnues

Si vous vous trompez dans l'écriture d'une commande HTML (en écrivant `<BODI>` au lieu de `<BODY>`, par exemple), le navigateur ne vous donnera aucun diagnostic. "The show must go on !" (*la représentation doit se poursuivre !*). Il ignorera tout simplement la

Heure 3 : Les bases de HTML

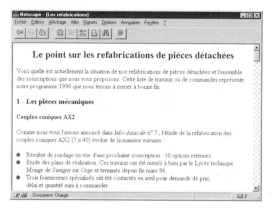

Figure 3.2 : Comment décorer l'arrière-plan avec un papier peint.

commande et essaiera de se raccrocher à la prochaine qu'il pourra reconnaître. Cela peut parfois donner lieu à des surprises : mauvaise interprétation de certaines commandes ou disparition d'une partie du texte, par exemple. D'où l'intérêt des éditeurs HTML qui composent automatiquement les commandes en fonction des indications de mise en pages que vous leur fournissez et évitent ainsi ce genre d'erreur.

La place des commandes

Il n'est pas indispensable de placer les commandes HTML (ou tout au moins le marqueur initial d'un conteneur) au début d'une ligne, mais c'est recommandé pour améliorer la lisibilité du fichier lorsqu'on veut y apporter des retouches. Le texte qui suit, repris à partir de notre exemple et dans lequel nous avons tout mis à la queue leu leu, produirait exactement le même effet :

```
<HTML><HEAD><TITLE>Votre premi&egrave;re page
HTML</TITLE></HEAD><BODY><DIV ALIGN=CENTER><H1><IMG
SRC="aladin.gif">Ma petite gazette <IMG
SRC="aladin.gif"></H1></DIV>Comme vous le
savez, j'ai l'habitude de choisir <I>&agrave; ma
```

Créer votre page Web

LE COMMENTAIRE

HTML reconnaît la notion de commentaire qui permet d'ignorer une commande (au cours de la mise au point d'une présentation, par exemple). Il suffit d'entourer les lignes concernées par le marqueur initial <!-- et le marqueur terminal -->. En voici un exemple :

```
<!--<H2>Ce titre ne sera pas affich&eacute;</H2>-->
```

Les générateurs automatiques de code HTML comme FrontPage (dont nous parlerons au cours de la quatrième heure) font grand usage de ces commentaires dans les fichiers HTML qu'ils génèrent.

LES COMMANDES RELATIVES AU PARAGRAPHE

Dans un texte imprimé, un paragraphe est une suite de phrases précédée et suivie d'un retour chariot. Ici, nous venons de voir que le retour chariot était interprété comme un espace ordinaire. Il faut donc utiliser un marqueur particulier. D'autre part, certaines commandes de formatage introduisent automatiquement une rupture de continuité produisant le même effet.

Le marqueur *
*

C'est l'équivalent exact d'un véritable retour chariot. Il ne possède aucun attribut. On peut faire figurer plusieurs de ces marqueurs à la suite les uns des autres pour augmenter l'espacement entre deux paragraphes successifs :

```
Ligne initiale
<BR>
Ligne 1
<BR><BR>
Ligne 2
<BR><BR><BR>
Ligne 3
<BR><BR><BR><BR>
Ligne 4
```

Heure 3 : Les bases de HTML

```
<BR><BR><BR><BR><BR>
Ligne finale
```

La Figure 3.3 montre comment Netscape Navigator affiche cet exemple.

Figure 3.3 : Réalisation d'interlignes de hauteur variable.

La balise <P>

Cette balise a connu un destin changeant dans les versions successives de HTML. D'abord conteneur, elle est apparue ensuite comme simple marqueur avec HTML 2.0 puis est redevenue un conteneur à partir de la version HTML 3.2. Pour ces raisons, les navigateurs admettent généralement les deux types. Elle a le même effet que <BR>, mais rajoute une ligne vierge comme le montre l'exemple suivant :

```
... cela est la fin d'un paragraphe
<P>
Et cela marque le commencement du suivant.
```

Créer votre page Web

La Figure 3.4 montre comment ces deux lignes sont affichées par Netscape Navigator.

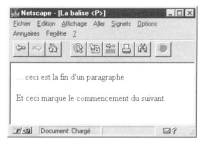

Figure 3.4 : L'effet de la balise <P>.

La balise <P> reconnaît l'attribut ALIGN= suivi d'une des valeurs left (option par défaut), center ou right, selon que l'on veut appuyer le paragraphe qui suit à gauche (normal), le centrer ou l'appuyer à droite. La Figure 3.5 montre l'effet produit par le texte suivant :

```
<P ALIGN=left>Ce paragraphe est en appui sur la gauche
<P ALIGN=center>Ce paragraphe est centr&eacute;
<P ALIGN=right>Ce paragraphe est en appui sur la droite
```

Figure 3.5 : Alignement de paragraphes avec Netscape Navigator.

Le conteneur <DIV>

Ce conteneur sert à regrouper différents éléments isolés (texte, image...) en une même entité à laquelle on veut faire subir un traitement (généralement un alignement) identique. Il reconnaît l'attribut ALIGN= avec les mêmes valeurs que <P> (alignement à gauche, centré et alignement à droite) et on peut en voir l'effet dans l'exemple reproduit plus haut sur la Figure 3.1.

La balise *<HR>*

Elle sépare deux paragraphes consécutifs par un trait horizontal centré doté généralement d'un ombrage : un *filet*. Elle reconnaît plusieurs attributs :

- WIDTH= suivi d'un nombre indique la longueur du trait exprimée en pixels. Si ce nombre est suivi du caractère %, il représente le pourcentage de la largeur de la fenêtre.
- SIZE= suivi d'un nombre indique l'épaisseur du filet.
- NOSHADE (tout seul) supprime l'ombrage.

L'interprétation de ces attributs varie légèrement selon le navigateur utilisé. La Figure 3.6 montre le résultat obtenu avec le texte suivant affiché par Netscape Navigator.

```
<HTML>
<HEAD>
<TITLE>Le marqueur &lt;HR&gt;</TITLE>
</HEAD>
<BODY>
... cela est la fin d'un paragraphe
<HR>
Cela est un autre paragraphe..
<HR WIDTH=25%>
Cela est un autre paragraphe..
<HR SIZE=10>
Cela est un autre paragraphe..
<HR NOSHADE>
Cela est un autre paragraphe..
</BODY>
</HTML>
```

Créer votre page Web

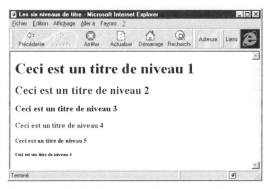

Figure 3.6 : Différentes formes de filets.

TITRES ET INTERTITRES

Nous avons vu plus haut qu'il existait une commande <TITLE> qui servait à afficher le titre général de la présentation dans la barre de titre de la fenêtre du navigateur. Dans le corps de la page, il existe une commande permettant d'afficher six niveaux différents de titres, numérotés de 1 à 6 par ordre d'importance décroissante. On utilise pour cela le conteneur <Hn> où *n* représente un chiffre compris entre 1 et 6. Un titre est automatiquement précédé et suivi d'un retour à la ligne. La Figure 3.7 montre l'effet obtenu en affichant le texte qui suit.

Figure 3.7 : L'effet obtenu avec le conteneur <Hn>.

Heure 3 : Les bases de HTML

Dans la pratique, on ne descend généralement pas au dessous du niveau 4.

LE TEXTE ET SES ENRICHISSEMENTS

De nombreux enrichissements avaient été prévus initialement par les concepteurs de HTML, mais un grand nombre sont tombés en désuétude parce que les navigateurs se sont montrés incapables d'en rendre les subtilités ou parce que leur utilité n'était pas justifiée. La tendance actuelle pour ces facilités de mise en pages est de faire appel à des feuilles de style, dont nous dirons quelques mots à la dixième heure. Dans cette section, nous ne parlerons que des quelques enrichissements les plus courants.

Styles logiques et styles physiques

Il s'agit ici d'une subtilité de la première version de HTML qui a maintenant perdu beaucoup d'intérêt. Les *styles logiques* décrivent les intentions de l'auteur Web alors que les *styles physiques* s'attachent à la façon concrète de modifier l'apparence du texte. Dans les deux sections suivantes, nous indiquerons d'abord le style logique approprié puis son équivalent physique.

Gras, italique et souligné

Ce type d'enrichissement peut s'appliquer à un texte de longueur quelconque, depuis une simple lettre jusqu'à un ou plusieurs paragraphes. Il suffit de placer le texte à enrichir dans le conteneur approprié qui est :

- <STRONG> ... </STRONG> ou <B> ... </B> pour le gras.
- <EM> ... </EM> ou <I> ... </I> pour l'italique.
- <U> ... </U> pour le souligné (pas de style logique).

Voici un exemple simple d'utilisation de ces enrichissements dont le résultat est reproduit sur la Figure 3.8.

<HTML>
<HEAD>

```
<TITLE>Du gras, de l'italique et du soulign&eacute;</TITLE>
</HEAD>
<BODY>
<H2>Exemples d'enrichissements courants</H2>
Beau roi, il convient que vous montiez <B>dans les branches de
cet arbre</B>. Portez l&agrave;-haut votre arc et <U>vos
 fl&egrave;ches</U>: ils vous serviront peut-&ecirc;tre. Et
tenez-vous coi : vous n'attendrez pas longuement
<P ALIGN=RIGHT><I>Le roman de Tristan et Iseut</I>.
<HR>
</BODY>
</HTML>
```

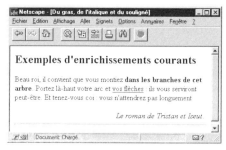

Figure 3.8 : Du gras, de l'italique et du souligné.

Texte préformaté

Il existe un moyen de redonner aux séparateurs courants (espace, tabulation et retour chariot) leur rôle habituel, c'est de placer le texte où ils figurent dans un conteneur <PRE>. Dans ce cas, le navigateur utilise une police à pas fixe du genre Courier. On dit qu'on a affaire à du *texte préformaté*. C'était le moyen utilisé pour afficher des tableaux avant que n'apparaisse le conteneur <TABLE> (que nous étudierons au cours de la septième heure). En voici un exemple, illustré par la Figure 3.9 :

```
<HTML>
<HEAD>
<TITLE>Texte pr&eacute;format&eacute;</TITLE>
```

Heure 3 : Les bases de HTML

```
</HEAD>
<BODY>
<H2>La Lune, au cours des mois de Juin, Juillet et
Ao&ucirc;t</H2>
<PRE>
   Mois   | Nouvelle | Premier | Pleine | Dernier  |
          | Lune     | quartier| Lune   | quartier |
  _____|_____|_____|_____|_____|
   Juin   |    5     |    13   |   20   |    27    |
  Juillet |    4     |    12   |   20   |    26    |
   Ao&ucirc;t    |    3     |    11   |   18   |    25    |
</PRE>
<HR>
</BODY>
</HTML>
```

Lorsqu'on édite à la main un tableau préformaté où doivent figurer des caractères accentués, on commence par le composer avec des lettres ordinaires, sans accents. Une fois le bon alignement vertical obtenu, on remet à leur place chacune des lettres accentuées.

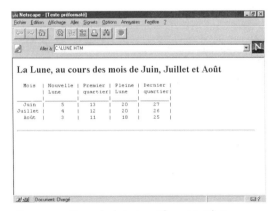

Figure 3.9 : Exemple de texte préformaté utilisé pour composer un tableau.

Créer votre page Web

Il existe trois conteneurs permettant d'afficher ce qu'ils renferment avec une police à pas fixe :

- Avec un style logique : <CODE> ... </CODE>, <KBD> ... </KBD> et <SAMP> ... </SAMP>.

- Avec un style physique : <TT> ... </TT>.

La Figure 3.10 montre ce que donne leur utilisation dans le texte suivant :

```
<HTML>
<HEAD>
<TITLE>Polices &agrave; pas fixe</TITLE>
</HEAD>
<BODY>
<H3>Les conteneurs &lt;CODE&gt;, &lt;KBD&gt;, &lt;SAMP&gt; et
&lt;TT&gt;</H3>
HTML propose trois conteneurs appartenant au <SAMP>style
logique</SAMP> pour afficher du texte avec <KBD>une police
&agrave; pas fixe</KBD> du genre <CODE>Courier</CODE>. Avec le
<TT>style physique</TT>, il existe aussi le conteneur &lt;
TT&gt;.
</BODY>
</HTML>
```

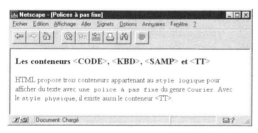

Figure 3.10 : Plusieurs façons d'afficher du texte avec une police genre Courier.

Variations de taille de la police d'affichage

Il existe deux façons de modifier la taille d'affichage d'un texte. Citons pour mémoire les conteneurs <BIG> ... </BIG> et <SMALL> ... </SMALL> qui permettent respectivement d'augmenter ou de diminuer d'un point la taille d'affichage de la police.

Plus pratique, le conteneur <FONT> ... </FONT> accepte l'attribut SIZE=n où *n* représente soit une valeur absolue (comprise entre 1 et 7) soit une valeur relative (comprise entre -2 et +4) par rapport à la taille normale (valeur par défaut égale à 3). Il accepte aussi l'attribut COLOR= suivi d'un nom ou d'une valeur de couleur. La Figure 3.11 illustre les résultats obtenus à l'exception de l'affichage en rouge puisque ce texte est imprimé en noir et blanc.

HTML ET LES COULEURS

HTML possède deux façons de repérer les couleurs :

- **Par leurs noms.** A cet effet, il existe une liste des 216 couleurs reconnues par Netscape Navigator et Internet Explorer, compte tenu des couleurs réservées par Windows. On y trouve des noms aussi poétiques que *MistyRose, PaleGoldenrod, LightSeaGreen* et *PeachPuff*.

- **Par un triplet RGB.** Toute couleur peut être décomposée en trois couleurs primaires : rouge, vert, bleu (c'est-à-dire, en anglais, Red, Green, Blue) d'intensités convenables. Cette intensité est exprimé par un nombre hexadécimal compris entre 0x00 et 0xff (0 et 255, en décimal).

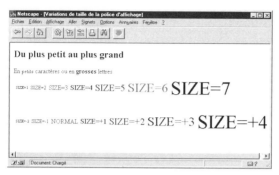

Figure 3.11 : Différents moyens de faire varier la taille de la police d'affichage.

Si on veut que l'arrière-plan de l'écran soit de teinte uniforme *BlanchedAlmond* (un jaune pâle) et le texte *RosyBrown* (un rose fané teinté de brun), on pourra écrire, au choix :

```
<BODY BGCOLOR="BlanchedAlmond" TEXT="RosyBrown">
```

ou :

```
<BODY BGCOLOR="0xFFEBCD" TEXT="#bc8f8f">
```

ou encore, un mélange des deux types d'écriture. Ici, pour la couleur du texte, bc représente l'intensité de la composante du rouge (188), et 8f (143), l'intensité des composantes du vert et du bleu.

> *Tous les systèmes ne donnent pas rigoureusement la même couleur. D'un PC à un Mac, de Netscape Navigator à Internet Explorer ou d'un contrôleur vidéo à un autre, on pourra observer des différences parfois importantes. D'où l'intérêt qu'il y a à tester sa présentation Web sur le plus grand nombre de systèmes différents avant de l'offrir au public.*

Heure 4

Quelques éditeurs et vérificateurs HTML

On peut écrire un document HTML à l'aide d'un simple éditeur de texte ; par exemple, le BlocNotes de Windows. Mais l'insertion des différentes balises devient vite fastidieuse et se souvenir de leur syntaxe exacte peut tourner au cauchemar. Mieux vaut utiliser des éditeurs spécialisés. Tucows, la source de shareware bien connue, en recense une quarantaine sans compter les produits commerciaux que leur éditeur ne propose pas en évaluation. Nous allons en passer en revue quelques-uns, par ordre alphabétique.

LES ÉDITEURS HTML

On peut classer les éditeurs HTML en trois groupes :

- Ceux qui travaillent sur du texte HTML qui est affiché dans leur fenêtre de travail. Une ou plusieurs barres d'outils et des boîtes de dialogue vous facilitent l'insertion des balises appropriées.

- Les éditeurs WYSIWYG qui vous cachent la cuisine HTML en vous donnant la possibilité d'agir directement sur la mise en pages de votre document.

- Les convertisseurs qui, partant d'un texte élaboré avec un traitement de texte font leur possible pour convertir leur formatage en commandes HTML.

Nous considérons que la faculté de transformer automatiquement les caractères accentués en entités de caractères est une fonction primordiale pour un éditeur HTML. Nous nous sommes donc particulièrement attaché à évaluer la qualité de cette fonctionnalité dans les brèves analyses que vous allez pouvoir lire.

Enfin, une quatrième catégorie commence à apparaître : les convertisseurs partant d'un fichier de PAO qu'ils traduisent du mieux qu'ils peuvent au moyen de commandes HTML. L'un des représentants de cette espèce émergeante est NetObjects Fusion, disponible en version bêta sur le site de son éditeur pour peu que vous acceptiez de répondre à un long et indiscret questionnaire.

AOLpress

C'est un éditeur WYSIWYG simple qui a l'avantage non négligeable d'être gratuit. Initialement écrit par le fournisseur d'accès américain AOL pour ses membres, il a été mis à la disposition de la communauté HTML. Il permet de composer une page Web en ignorant absolument toute balise HTML, uniquement en cliquant dans la barre d'outils ou en choisissant une option dans les menus présentés. La récente version 2.0 a bénéficié de nombreuses améliorations qui en font un éditeur puissant. Son maniement s'apparente beaucoup à celui d'un traitement de texte classique. La Figure 4.1 montre comment se présente une page en cours d'édition.

Heure 4 : Quelques éditeurs et vérificateurs HTML

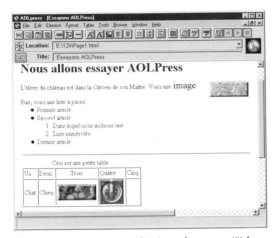

Figure 4.1 : Avec AOLpress, l'écriture d'une page Web se fait sans voir les balises.

Une option (Tools/Show HTML) permet de voir le code HTML et de l'éditer éventuellement. Ce code se présente très proprement et ses indentations favorisent les retouches manuelles. Point positif : les entités de caractères sont générées automatiquement (voir Figure 4.2).

AOLpress permet de créer facilement des tableaux et des frames à l'aide de boîtes de dialogue et plusieurs astuces facilitent l'édition comme celle qui est illustrée par la Figure 4.3 : vous sélectionnez un objet (ici une image, mais cela pourrait être une liste ou un tableau) et vous laissez la souris immobile pendant une seconde. Le code HTML correspondant s'affiche dans une fenêtre qui disparaît dès que vous bougez la souris. Autre astuce : vous pouvez modifier les dimensions d'une image avec la souris, en utilisant les poignées qui apparaissent lorsque vous sélectionnez cette image.

Créer votre page Web

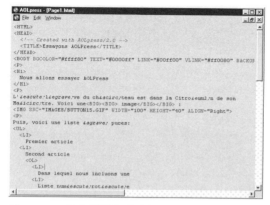

Figure 4.2 : Code HTML généré pour notre essai.

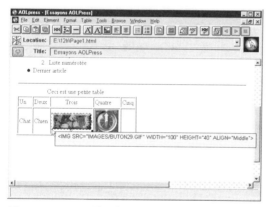

Figure 4.3 : Un artifice de contrôle bien pratique : voir le code HTML généré pour un objet.

On ne peut qu'être séduit pas un éditeur gratuit offrant tant de possibilités et aussi pratique à utiliser.

Heure 4 : Quelques éditeurs et vérificateurs HTML

Arachnophilia

Arachnophilia n'est ni un produit commercial, ni du shareware, ni du freeware. Son auteur, un Américain du nom de Paul Lutus, le présente comme du *careware*, notion qu'il définit ainsi : le *client* obtient quelque chose de valeur en échange de ce que souhaite le *vendeur*. Et ce que veut ici le vendeur, c'est : "N'importe quoi sauf de l'argent." On a du mal à situer un tel désintéressement, à mi-chemin entre mécénat et apostolat. D'autant plus qu'il ne s'agit pas ici d'un bricolo, mais d'un produit de bonne qualité. Paul Lutus explique en détail son idée à l'URL **http://www.arachnoid.com/lutusp/careware.htm**.

Ici, nous travaillons au niveau des commandes HTML. Lorsqu'on clique sur File/New/HTML file, l'éditeur crée un squelette de page (voir Figure 4.4), sur laquelle on voit aussi le menu des commandes les plus courantes qui s'affiche lorsqu'on clique n'importe où dans la page avec le bouton droit. Vous pouvez, à votre gré, personnaliser ce modèle.

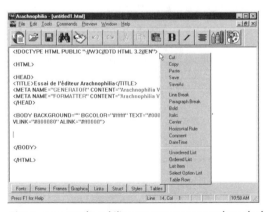

Figure 4.4 : Arachnophilia vous propose un squelette de document HTML.

La Figure 4.5 montre les options de configuration proposées par le menu Tools/Options. Les boutons au bas de la page permettent d'afficher des barres de boutons relatives à chacun des objets HTML proposés. Pour visualiser le résultat obtenu, vous pouvez appeler l'un des quatre navigateurs que vous aurez définis préalablement, mais vous devrez manuellement changer de fenêtre (Alt + Tab).

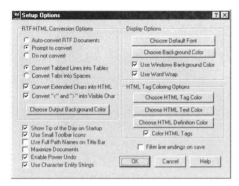

Figure 4.5 : Options de configuration générales de Arachnophilia.

Un client FTP incorporé permet de transférer vos fichiers sur votre site d'hébergement sans quitter Arachnophilia (voir Figure 4.6). Vous pouvez aussi envoyer un e-mail par l'intermédiaire du mailer que vous aurez préalablement sélectionné. Des facilités sont prévues pour incorporer des scripts JavaScript et des applets Java. Les caractères accentués ne sont pas convertis au vol lors de leur saisie, mais il faut cliquer sur Tools/Convert Extended Characters pour convertir tous ceux qui sont présents dans la page, ce qui est finalement assez pratique.

Du côté négatif, il faut déplorer une génération de tableaux très primitive, se bornant à créer un squelette conçu pour deux lignes et deux colonnes, qu'il n'est ensuite pas très facile de personnaliser. Les frames doivent être composées de la même façon, en sachant exactement ce qu'on doit écrire et où on doit le mettre.

Heure 4 : Quelques éditeurs et vérificateurs HTML

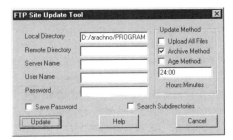

Figure 4.6 : Arachnophilia contient un client FTP intégré.

Finalement, nous regrettons une certaine rusticité dans un produit dont la mise à disposition est inspirée par de si nobles sentiments. Nous situons cet éditeur un cran au-dessus des simples éditeurs de texte.

FrontPage

Ici, nous entrons dans la catégorie des poids lourds. Microsoft a encore frappé et le résultat est un logiciel très ambitieux et très complet qui se compare, dans le domaine HTML, à ce qu'est Word pour Windows dans celui du traitement de texte. Il faudrait plus de cinq cents pages pour en faire un exposé complet, tant est grande sa richesse. En outre, il est livré accompagné d'un logiciel de serveur personnel et d'un éditeur graphique très puissant.

C'est un éditeur presque entièrement WYSIWYG qui permet néanmoins d'accéder facilement au code généré et de le modifier si l'envie vous en prend. Mais c'est bien davantage qu'un simple éditeur HTML : c'est un logiciel complet pour créer une présentation Web depuis l'écriture de chaque page jusqu'à l'installation sur le serveur en passant par la gestion automatisée des mises à jour. Il se compose en réalité de deux modules : l'explorateur, qui s'attache à la structure de votre présentation ; et l'éditeur proprement dit, qui permet de créer et/ou de modifier n'importe quelle page. On passe de l'un à l'autre très facilement, en cliquant dans la barre d'outils. La Figure 4.7 vous montre comment se présente l'écran de l'explorateur.

Créer votre page Web

Si nous disons que FrontPage est "presque entièrement WYSIWYG", c'est parce qu'il est indispensable de compléter certaines options (le positionnement d'une image, par exemple) à l'aide de boîtes de dialogue.

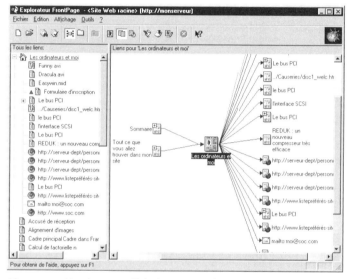

Figure 4.7 : L'explorateur affiche la structure d'un site Web au complet.

Pour composer ou modifier une page, on appelle l'explorateur qui est l'éditeur HTML proprement dit. La Figure 4.8 montre comment se présente une page composée sans qu'on ait vu l'ombre d'une balise HTML. En haut et à droite, on remarque le menu graphique de définition d'un tableau.

On peut voir la structure du document HTML généré (Figure 4.9) dans lequel on a la surprise de constater que les caractères étendus n'ont pas été traduits par des entités. Sans doute Microsoft estime-t-il qu'il n'existe rien en dehors de l'univers Wintel (Windows + Intel) ?

Heure 4 : Quelques éditeurs et vérificateurs HTML

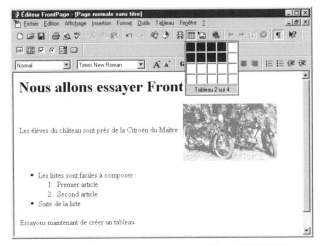

Figure 4.8 : L'explorateur FrontPage est un éditeur WYSIWYG.

Figure 4.9 : Code HTML généré pour l'essai précédent.

Créer votre page Web

De nombreux assistants viennent vous aider dans la création de vos pages. Il vous est même possible d'en créer vous-même. D'une façon générale, cliquer du bouton droit sur un objet de la page affiche un menu contextuel permettant d'accéder aux propriétés de l'objet (Figure 4.10).

La grande originalité de FrontPage et ce qui fait à la fois sa force et sa faiblesse, c'est le recours aux *WebBots*. Pour expliquer ce que signifie ce terme, nous ne pouvons mieux faire que de reprendre la définition donnée par Microsoft dans l'aide en ligne :

```
Objet dynamique d'une page Web évalué et exécuté lorsque
l'auteur enregistre la page ou, dans certains cas, lorsque le
lecteur accède à la page. La plupart des composants WebBot
génèrent du code HTML.
```

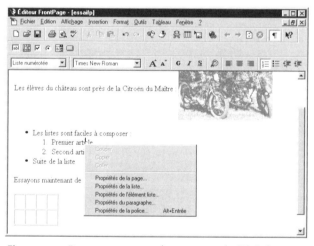

Figure 4.10 : Des menus contextuels permettent de définir finement les attributs des objets HTML.

Il existe un certain nombre de ces WebBots. Pour donner une idée de la puissance de ces objets, prenons le WebBot "Insertion programmée" dont la Figure 4.11 montre la boîte de dialogue. Ce

Heure 4 : Quelques éditeurs et vérificateurs HTML

composant insérera un fichier dans la présentation entre deux dates bien précises. On peut ainsi éviter de continuer à annoncer une manifestation ou une conférence qui vient d'avoir lieu.

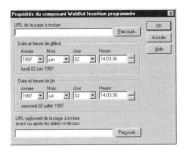

Figure 4.11 : Le WebBot "Insertion programmée" permet d'insérer un fichier HTML dans une page pendant un intervalle de temps fixé à l'avance.

Pour si pratique que soit cette innovation, elle suppose l'installation sur le serveur d'hébergement des *Extensions Microsoft FrontPage*. Il en existe diverses versions, non seulement pour les serveurs Windows NT, mais aussi pour la plupart des avatars d'UNIX. Mais, ne serait-ce que pour des raisons de sécurité, bon nombre d'administrateurs de serveurs verront d'un œil suspicieux (pour ne pas dire plus) cette intrusion et refuseront carrément la présence de ce corps étranger sur leur machine. Adieu alors, les WebBots !

Nous arrêterons là ce survol de FrontPage. Le peu que nous en avons vu suffit pour être convaincu qu'il s'adresse bien davantage au professionnel qu'à l'auteur Web occasionnel. Son prix (conseillé) de l'ordre de 1 200 F TTC n'est toutefois pas excessif, compte tenu de sa puissance. C'est un produit qui convient très bien, par exemple, à la gestion d'un Intranet dans lequel l'installation des Extensions FrontPage ne posera pas de problème et où son puissant gestionnaire de site fera merveille.

Créer votre page Web

Internet Assistant

Il s'agit ici d'un ensemble de macros écrites par Microsoft (et disponibles gratuitement sous le nom de WORDIA.EXE sur son site) qui viennent ajouter des fonctionnalités d'édition HTML aux fonctionnalités naturelles de traitement de texte de Word pour Windows, allant jusqu'à modifier et à compléter les menus de ce dernier. En outre, une barre d'outils de type HTML est rajoutée aux barres d'outils ordinaires. Comme ces macros sont en anglais, on aboutit à une curieuse salade bilingue dans les menus. Mais, heureusement, lorsqu'on édite un document de texte ordinaire, ce sont les menus habituels, franco-français, qui s'affichent. Cette substitution va jusqu'à celle du dictionnaire (voir Figure 4.12) où l'on peut voir des mots français parfaitement écrits signalés comme fautifs par le vérificateur d'orthographe.

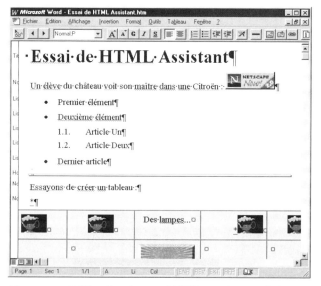

Figure 4.12 : Edition d'un document HTML avec Internet Assistant pour Word.

Heure 4 : Quelques éditeurs et vérificateurs HTML

Le choix entre le mode normal et le mode HTML est fait au moment de la création d'un fichier en choisissant le modèle HTML.DOT pour un fichier HTML ou au moment de l'édition, d'après l'extension du fichier qu'on veut ouvrir. Les caractères accentués sont automatiquement convertis en entités comme le prouve cet extrait du code généré pour l'exemple précédent :

```
<HTML>
<HEAD>
<META HTTP-EQUIV="Content-Type" CONTENT="text/html;
 charset=ISO-8859-1">
<TITLE>Les essais de Microsoft</TITLE>

<META NAME="GENERATOR" CONTENT="Internet Assistant for
   Microsoft Word 2.04z">
</HEAD>
<BODY>
<H1>Essai de HTML Assistant</H1>
<P>
Un &eacute;l&egrave;ve du ch&acirc;teau voit son ma&icirc;tre
dans une Citro&euml;n : <IMG SRC="NOW8.GIF">
<UL>
<LI>Premier &eacute;l&eacute;ment
<LI>Deuxi&egrave;me &eacute;l&eacute;ment
<OL>
```

Internet Assistant se veut WYSIWYG et le résultat obtenu est acceptable, tout au moins si on n'est pas trop méticuleux sur la mise en pages (voir l'alignement du logo de Netscape). La Figure 4.13 a été obtenue avec Internet Explorer d'après le document HTML généré. Il existe un bouton de prévisualisation pour appeler automatiquement un navigateur, mais chaque fois que vous cliquez dessus, un nouvel exemplaire de ce navigateur est chargé, ce qui finit par encombrer sérieusement la mémoire.

Internet Assistant permet d'importer des documents formatés par Word (ou en format RTF), soit par insertion de fichier, soit en Couper/Coller. La conversion du formatage en balises HTML est plutôt bien réussie.

Créer votre page Web

Figure 4.13 : Affichage par Internet Explorer du document généré par Internet Assistant.

Les tableaux sont générés en utilisant partiellement les anciennes entrées du menu Tableau, complétées par de nouvelles. On accède aux paramètres d'alignement en cliquant du bouton droit dans la cellule concernée puis, normalement, sur l'entrée Aligne, ce qui affiche la boîte de dialogue illustrée par la Figure 4.14. Quant aux frames, nous n'avons trouvé ni entrée de menu ni bouton qui permettent de les créer.

A notre avis, les principaux avantages de Internet Assistant sont sa gratuité et la conversion de documents déjà formatés en HTML. Dans l'ensemble, nous lui préférons néanmoins des outils plus simples comme AOLpress que nous avons étudié plus haut. Il ne faut pas croire qu'être habitué à Word facilitera son utilisation, car il faudra s'accoutumer aux changements intervenus dans des menus qu'on croyait bien connaître et identifier correctement les boutons de la nouvelle barre d'outils.

Heure 4 : Quelques éditeurs et vérificateurs HTML

Figure 4.14 : Boite de dialogue d'alignement pour les cellules d'un tableau.

Web Construction Kit

Nous avons gardé le meilleur pour la fin. Comme son nom ne l'indique pas, Web Construction Kit (WCK, en raccourci) est un logiciel français distribué sous forme de shareware. Il a été écrit il y a environ un an par un jeune auteur de 18 ans, Pierre Genevès qui a, depuis, créé sa société, PierreSoft, pour distribuer son produit. C'est le moment de citer Corneille et de dire : "La valeur n'attend pas le nombre des années", car cet éditeur est excellent sous tous les rapports. La Figure 4.15 montre une page HTML en cours d'édition. On remarquera tout particulièrement en bas à gauche les trois onglets Page, Aperçu et Site qui permettent d'avoir différentes vues de la page (ou du site en cours d'édition). La vue Site, en particulier, donne une représentation graphique de l'articulation des pages d'un site, comme on peut le voir sur la Figure 4.16.

Outre la traditionnelle barre d'outils horizontale, on remarque deux barres d'outils verticales. Celle de gauche commande les fonctions les plus courantes : insertion d'un lien, d'une image, d'un filet horizontal, centrage du texte, création de liste... Celle de droite appelle des assistants pour créer des objets HTML plus complexes : tableaux, formulaires, cadres, image réactive, feuille de style... Pour cette dernière, une succession d'étapes faciles à

Créer votre page Web

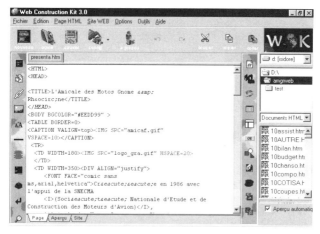

Figure 4.15 : Une page HTML en cours d'édition avec WCK.

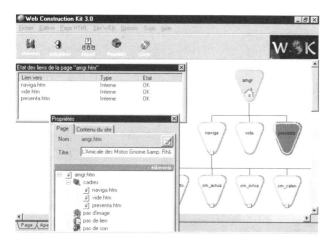

Figure 4.16 : La vue Site donne une idée de la structure d'un site Web.

parcourir permet de générer des spécifications de styles complètes et très fouillées.

Heure 4 : Quelques éditeurs et vérificateurs HTML

Les caractères accentués ne sont pas convertis à la volée, mais une commande du menu Options permet de le faire à la demande ainsi que de revenir à la codification directe (sans entités).

On trouve avec plaisir un certain nombre de raffinements tels que l'affichage en vignette de l'image dans la boîte de dialogue d'insertion et l'insertion automatique de ses dimensions dans le code HTML généré, la présentation imagée des polices de caractères pour l'édition du texte, etc.

La cerise sur le gâteau : en cliquant sur l'outil "Image cliquable" (nous aurions préféré "image réactive") de la barre de droite, on fait surgir un outil de découpage qui permet de déterminer graphiquement les zones de l'image à considérer et génère le code HTML nécessaire. Très peu d'éditeurs HTML proposent cette fonction, au point que certains utilitaires ont vu le jour (MapThis ou MapEdit, par exemple) rien que pour cela. La Figure 4.17 montre cet écran d'édition.

Figure 4.17 : WCK comporte un outil graphique de création d'images réactives.

Créer votre page Web

S'il fallait mettre un bémol à ces éloges, ce serait du côté du menu des Préférences avec lequel il n'est actuellement pas possible de modifier la police de caractères d'affichage ou la taille de celle-ci. Mais cette amélioration est prévue pour une prochaine version.

Et nous touchons là à un autre point important en faveur de WCK : la rapidité de réaction de l'auteur aux messages de demande d'assistance qu'on lui envoie. Il ne s'écoule jamais plus de 24 heures avant d'obtenir une réponse personnalisée, claire et précise. Les suggestions sont bien accueillies et, lorsqu'elles peuvent améliorer WCK, seront reprises dans une prochaine version.

Pour télécharger une version d'essai de Web Construction Kit limitée à 50 utilisations, pointez votre navigateur sur l'URL **http://www.pierresoft.com**.

LES OUTILS DE VÉRIFICATION

Une fois terminée l'écriture d'un document HTML, il est prudent de lui faire subir quelques vérifications. Plus l'outil qui a été utilisé pour le composer est sophistiqué et moins il y a de risques d'y trouver des erreurs. Mais quelles erreurs ?

A la recherche des erreurs

De la même façon qu'après avoir écrit un document ordinaire avec un traitement de texte, on lui fait subir l'épreuve du vérificateur d'orthographe, il est bon de s'assurer qu'aucune erreur de syntaxe HTML ne subsiste dans une page Web. Certes, les navigateurs ont bon caractère et lorsqu'ils ne comprennent pas ce que vous avez écrit, ils essaient toujours de faire quelque chose. Mais ce ne sera pas souvent ce que vous attendiez.

Une fois qu'on s'est assuré que la syntaxe est correcte, il faut vérifier que les liens sont exacts. Pour les liens internes, il n'est pas nécessaire de se connecter à son fournisseur d'accès, car on peut faire le test en local. Pour les autres, il est impératif d'opérer en vraie grandeur.

On doit donc procéder à deux niveaux de vérifications si on veut être raisonnablement sûr de ne pas publier une présentation... disons "approximative", pour ne vexer personne.

Les erreurs de syntaxe

HTML n'a pas la rigueur du langage C pour lequel on sait exactement ce qui est permis et ce qui ne l'est pas. Les zones de flou y sont nombreuses et la multiplication des extensions apportées par les éditeurs ne contribue pas à clarifier la situation. Il existe pourtant pour chaque version un document officiel qu'on appelle une *DTD* (Document Type Definition) écrit en SGML, l'ancêtre de HTML, et pratiquement compréhensible des seuls gourous du culte UNIX. Nous n'y ferons donc pas référence.

Les erreurs les plus courantes sont probablement l'oubli de fermeture d'une balise. Si la balise de fermeture devait se situer à la fin du document, il y a peu de risque de conséquences dommageables. A quoi sert, par exemple `</HTML>` s'il n'y a plus rien derrière ?

Autres erreurs courantes : les oublis de guillemets. En général, lorsqu'on donne une valeur à un attribut (`SRC=`, par exemple pour un marqueur `<IMG>`), nous avons dit qu'il fallait mettre la chaîne de caractères qui suit le signe égal entre guillemets. La plupart des navigateurs s'accommodent fort bien de leur oubli. Mais si on en met, encore faut-il les utiliser par paires. L'oubli du guillemet terminal risque d'apporter de sérieuses perturbations.

Il se peut qu'on invente un attribut qui n'existe pas ou qu'on orthographie mal son nom : `VALIGN=` dans un marqueur `<IMG>` par exemple. Pratiquement, cela a peu de conséquences, car ce qu'un navigateur ne reconnaît pas, il l'ignore. Mais on pourra s'étonner de ne pas observer l'effet de mise en pages auquel on s'attendait.

La plupart des outils de vérification donnent la possibilité de définir le niveau de la syntaxe HTML à respecter. Le dernier standard porte le numéro 4.0 et toutes les extensions apportées par Netscape et Microsoft n'y figurent évidemment pas.

Créer votre page Web

La vérification des liens

Ici, le danger, c'est d'avoir mal orthographié une référence ou une URL pour les images et les pages. Une partie de la vérification peut s'effectuer en local, mais dans une page du genre "Mes sites favoris" (où figurent les URL d'une douzaine de sites qu'on juge dignes d'être connus), il est prudent de s'assurer que leurs URL ont été orthographiées correctement d'une part et que ces pages existent toujours, d'autre part. Tous ceux qui ont un tant soit peu surfé sur le Web savent, en effet, qu'une adresse n'a rien d'immuable.

Le test en vraie grandeur

Si tous les tests précédents se sont soldés par un satisfecit, tout n'est pas encore gagné pour autant. De même qu'un garagiste consciencieux fera un essai sur route avant de vous rendre votre voiture après une réparation importante, vous devez installer l'ensemble de votre présentation sur le serveur qui vous héberge et la tester dans ses moindres recoins, comme si vous étiez un visiteur quelconque. Et pour vraiment bien faire les choses, faites ce test plusieurs fois en utilisant des navigateurs différents et, si possible, des plates-formes différentes.

C'est à ce moment que vous découvrirez que certaines images qui s'affichaient fort bien lorsque vous testiez votre présentation en local sont remplacées par l'icône d'image introuvable. C'est un des grands classiques du Web que connaissent bien ceux qui ont préparé leur présentation sous Windows et l'ont ensuite installée sur un serveur UNIX. La cause en est simple : alors que Windows considère comme identiques les majuscules et les minuscules dans un nom de fichier, pour UNIX ce n'est pas du pareil au même.

 Pour éviter ce type d'ennui, le plus simple est d'orthographier systématiquement tous les noms de fichiers en minuscules.

Heure 4 : Quelques éditeurs et vérificateurs HTML

Exemples de tests

Syntaxe avec HTML Validator

Nous avons soumis à ce vérificateur un document HTML dont l'affichage par Netscape et Internet Explorer ne semblait pas poser de problèmes. Ce qui n'a pas empêché HTML Validator de nous donner une liste de 23 erreurs dont nous reproduisons ci-après les principales :

```
------------------------------------------------

CSE 3310 HTML Validator v2.00B (Unregistered)

[...]

------------------------------------------------

   1: <HTML>
   2: <HEAD>
   3: <TITLE>L'Amicale des Motos Gnome & Rh&ocirc;ne</TITLE>

Error number 1 in line 3:
The character entity "& Rh&ocirc;" was not found in the
HTML Configuration.

    [...]

  12: <NOFRAMES>

Error number 2 for tag beginning in line 12:
The tag name "NOFRAMES" must be closed but the closing
tag was not found.

    [...]

  58:          <IMG SRC="x_cata.gif" ALT="Catalogue GR 1929"
                  border=0></A>
  59:          <IMG SRC="x_autre.gif" ALT="      " border=0></A>

Error number 6 for tag beginning in line 59:
The closing tag for "A" was found, but the tag was
never opened or has been closed too many times.

    [...]
```

Créer votre page Web

```
62: Créé;&eacute;e en 1986 avec l'appui de la SNECMA
(<I>Soci&eacute;t&eacute; Nationale des Moteurs d'Avion</I>),
l'<B>Amicale   des Motos Gnome & Rh&ocirc;ne</B> regroupe dans
le cadre d'une association "loi de 1901" tous ceux qui
s'int&eacute;ressent aux motos anciennes de la marque.
```

Error number 8 in line 62:
A quotation mark was found that is not within a tag.
The character entity " should be used instead of
the quotation character.

   [...]

```
66:    </TABLE>
67: </TABLE>
```

Error number 9 for tag beginning in line 67:
The closing tag for "TABLE" was found, but it should
have been preceded by the closing tag for "TD" which
was opened in line 21 (nesting error).

```
68: <HR>
69:
70: <CENTER><TABLE BORDER=0>
71: <TR><TD><CENTER><FONT SIZE=-2><I>Cette
pr&eacute;sentation sera mieux appr&eacute;ci&eacute;e
avec<BR><IMG SRC="now8.gif" ALIGN=middle> ou
<IMG SRC="ie_anima.gif" ALIGN=middle></I></FONT></TD></TR>
```

Error number 11 for tag beginning in line 71:
The attribute value "-2" for the attribte "SIZE" was
not enclosed in double quotation marks when it must be.

   [...]

```
76: <IMG SRC="/cgi-bin/counter?mdreyfus&font=stencil&width=3">
personnes ont déjà visité ce site.
```

Error number 17 in line 76:
High ASCII characters found. HTML documents should not
contain ASCII characters with ASCII values greater than
127.

   [...]

Heure 4 : Quelques éditeurs et vérificateurs HTML

```
95: </HTML>
Error number 23 for tag beginning in line 95:
The closing tag for "HTML" was found, but it should
have been preceded by the closing tag for "NOFRAMES"
which was opened in line 12 (nesting error).
```

Certaines erreurs sont bénignes (l'oubli de guillemets autour de-2 à la ligne 71, par exemple, ou l'utilisation directe du guillemet au lieu de l'entité " à la ligne 62), mais d'autres sont plus graves, comme la présence d'un marqueur de fermeture </A> à la ligne 59 (qui peut laisser penser qu'on a oublié d'en ouvrir un plus haut) ou l'utilisation directe du caractère "&" (qui pourrait induire certains navigateurs en erreur) ou d'un "é" qui pourrait être mal rendu sur d'autres plates-formes que Windows.

La Figure 4.218 montre la boîte de dialogue qui permet de choisir les options de syntaxe à retenir.

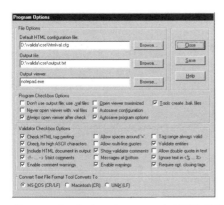

Figure 4.18 : Options de syntaxe de HTML Validator.

Liens avec InfoLink

Pour ce test, nous avons utilisé une version freeware de InfoLink et nous avons choisi de ne tester que les liens locaux (voir Figure 4.19). Nous avons obtenu le résultat illustré par la

Figure 4.20 qui montre qu'un appel de lien par une image est probablement mal orthographié (y_statix.gif).

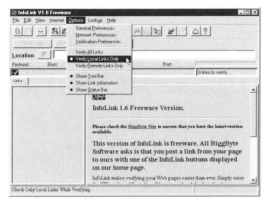

Figure 4.19 : L'écran d'ouverture de InfoLink.

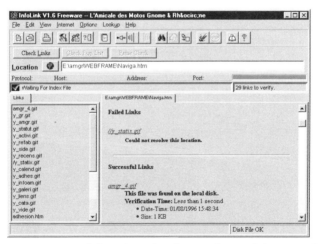

Figure 4.20 : L'affichage du résultat d'une vérification de liens par InfoLink.

Les services de validation

Outre les outils de vérification que nous venons brièvement de voir, il existe aussi des services de validation utilisables à distance. Vous vous connectez sur leur serveur (un site Web comme un autre) et vous leur indiquez l'URL de la présentation à tester. Ils vous renvoient un listing des erreurs qu'ils ont trouvées. Ici, on cumule d'un seul coup les trois phases que nous avons énumérées, au prix, il est vrai, d'un temps de vérification plus long puisque le vérificateur va devoir charger toutes vos pages et toutes vos images pour faire son travail.

Ces outils de vérifications sont souvent constitués par des scripts écrits en PERL ou en un langage équivalent. Nous en avons essayé trois parmi ceux dont vous trouverez les URL à la douzième heure et le résultat n'est guère encourageant. Outre le temps d'attente (pendant lequel le compteur de France Telecom tourne), on constate que certains en sont restés à d'anciennes versions de HTML (2.0) ou n'ayant jamais réellement vu le jour (3.0). Il n'est pas aussi facile de les configurer qu'avec des outils téléchargés. Un seul nous a donné quelque chose d'à peu près satisfaisant, c'est WWWeblint dont les services sont payants (gratuits pour des documents HTML de moins de 2 048 caractères).

Heure 5

Listes, images et multimédia

Pour présenter une énumération ou une liste d'objets, de rubriques, de faits, on peut se contenter de paragraphes ordinaires. Il existe aussi des quotidiens (et non des moindres) qui usent avec parcimonie des images. Mais si le Web avait dû se limiter à une telle austérité, il n'aurait certainement pas acquis la popularité qui est aujourd'hui la sienne.

Au cours de cette cinquième heure, nous allons en terminer avec le texte en étudiant les listes et nous examinerons ensuite les moyens que propose HTML pour égayer la présentation des textes : images, sons, animations.

LES LISTES

Bien que HTML reconnaisse officiellement cinq types de listes, seuls trois d'entre eux sont réellement utilisés. Nous laisserons donc dormir les deux autres (les listes de menus et les listes de répertoires). Comme l'indique son nom, ce type de formatage sert

Créer votre page Web

à présenter des collections d'objets apparentés, d'une façon qui les fasse ressortir par rapport aux paragraphes de texte ordinaire.

Les listes ont en commun le fait d'être incluses dans un conteneur de liste à l'intérieur duquel chaque article est précédé d'un marqueur distinct.

Les listes sont souvent utilisées pour constituer des menus de navigation. Nous les retrouverons dans cet emploi au cours de la sixième heure.

Les listes à puces

On les appelle aussi *listes non numérotées* et elles se présentent sous forme de paragraphes en léger retrait précédés d'une "puce", c'est-à-dire d'un signe typographique généralement représenté par un gros point noir. Elles sont utilisées pour présenter des ensembles d'objets lorsque l'ordre d'énumération n'est pas important. Par exemple, la liste des œuvres d'un écrivain ou le nom des fleurs que vous avez plantées dans votre jardin. Le conteneur de liste à puces est <UL> ... </UL> (*unordered list*). Chaque article doit être précédé d'un simple marqueur <LI> (voir Figure 5.1).

```
<HTML>
<HEAD>
<TITLE>Listes &agrave; puces</TITLE>
</HEAD>
<BODY>
<H2>Mon jardin fleuri</H2>
Dans mon jardin, on trouve des fleurs tr&egrave;s
  color&eacute;es :
<UL>
<LI>Des dahlias rouges et des dahlias jaunes
<LI>Des iris jaunes et des iris bleus
<LI>Des pens&eacute;es mauves et des pens&eacute;es blanches
<LI>Des cosmos de toutes les couleurs
</UL>
Et tous ces coloris se succ&egrave;dent au fil des saisons.
</BODY>
</HTML>
```

Heure 5 : Listes, images et multimédia

Figure 5.1 : Une simple liste à puces.

L'attribut TYPE= permet de choisir entre trois types de puces, mais il y a mieux à faire si on veut égayer la présentation de la liste, comme nous le verrons un peu plus loin à propos des images.

Les listes numérotées

Ce type de liste s'utilise pour énumérer une suite d'objets consécutifs (les mois de l'année, par exemple) ou pour décrire des opérations devant s'effectuer dans un ordre précis (comme l'installation d'un logiciel). Leur présentation ressemble à celle des listes à puces à ce détail près que la puce est remplacée par une numérotation séquentielle croissante. Le conteneur de liste ordonnée est <OL> ... </OL> (*ordered list*). Chaque article doit être précédé d'un simple marqueur <LI>.Voici un exemple de liste numérotée dont le résultat est reproduit sur la Figure 5.2.

```
<HTML>
<HEAD>
<TITLE>Listes num&eacute;rot&eacute;es</TITLE>
</HEAD>
<BODY>
<H2>Installation d'un logiciel</H2>
<OL>
<LI>D&eacute;compresser le fichier ZIP.
<LI>Ex&eacute;cuter le programme SETUP.EXE.
<LI>Choisir le r&eacute;pertoire d'installation.
<LI>R&eacute;pondre aux questions pos&eacute;es par les
```

Créer votre page Web

Figure 5.2 : Exemple de liste numérotée.

```
  bo&icirc;tes de dialogue.
</LI>
</BODY>
</HTML>
```

On peut modifier le type de numérotation des articles (chiffres arabes, chiffres romains, lettres...) et modifier la valeur de départ au moyen des attributs TYPE= et START=.

Les listes de glossaire

Egalement appelé *liste de définitions,* ce type de liste s'utilise lorsqu'on veut énumérer des objets couplés : un terme et sa définition, un chapitre et son contenu, ou tout simplement construire un glossaire. La construction de ces listes est un peu différente de celle des deux listes précédentes. Le conteneur s'appelle ici <DL> ... </DL> (*definition list*). Chaque terme est précédé du marqueur <DT> et chaque définition du marqueur <DD>. La Figure 5.3 montre comment est affiché l'exemple suivant :

```
<HTML>
<HEAD>
<TITLE>Listes de glossaire</TITLE>
</HEAD>
<BODY>
<H2>Quelques citations</H2>
```

Heure 5 : Listes, images et multimédia

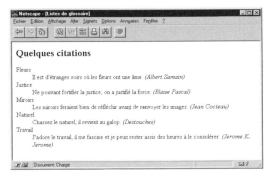

Figure 5.3 : Exemple de liste de glossaire.

```
<DL>
<DT>Fleurs
  <DD>Il est d'&eacute;tranges soirs o&ugrave; les fleurs ont
      une &acirc;me. <I>(Albert Samain)</I>
<DT>Justice
  <DD>Ne pouvant fortifier la justice, on a justifi&eacute; la
      force. <I>(Blaise Pascal)</I>
<DT>Miroirs
  <DD>Les miroirs feraient bien de r&eacute;fl&eacute;chir
      avant de renvoyer les images. <I>(Jean Cocteau)</I>
<DT>Naturel
  <DD>Chassez le naturel, il revient au galop. <I>(Destouches)
      </I>
<DT>Travail
  <DD>J'adore le travail, il me fascine et je peux rester assis
      des heures &agrave; le consid&eacute;rer. <I>(Jerome K.
      Jerome)</I>
</BODY>
</HTML>
```

L'indentation des commandes n'est ici que pour faciliter la relecture du texte.

Imbrication de listes

La plupart des conteneurs HTML peuvent être imbriqués les uns dans les autres. Les conteneurs listes n'échappent pas à la règle.

Créer votre page Web

En mélangeant les styles de listes à puces et de listes numérotées, on peut obtenir une présentation attrayante comme l'illustre l'exemple suivant dont l'affichage est reproduit sur la Figure 5.4 :

```
<HTML>
<HEAD>
<TITLE>Listes imbriqu&eacute;es</TITLE>
</HEAD>
<BODY>
<H2>Calendrier des activit&eacute;s du premier trimestre</H2>
<OL>
  <LI>Janvier
  <UL>
    <LI>Visite du Louvre.
    <LI>Concert au Mus&eacute;e d'Orsay (Debussy et Chausson).
  </UL>
  <LI>F&eacute;vrier
  <UL>
    <LI>Sortie &agrave; Chambord.
    <LI><I>Holliday on Ice</I> &agrave; Paris.
    <LI>Visite du Mus&eacute;um d'Histoire naturelle.
  </UL>
  <LI>Mars
  <UL>
    <LI>Visite des &eacute;gouts de Paris.
    <LI>Visite du Mus&eacute;e des Transports.
    <LI>Concert au Th&eacute;&acirc;tre des Champs
    Elys&eacute;es (Mozart et Bach).
  </UL>
</OL>
Les r&eacute;servations devront &ecirc;tres effectu&eacute;es
dans les conditions habituelles.
</BODY>
</HTML>
```

LES IMAGES

Parmi les nombreux formats d'image qui existent, HTML en reconnaît actuellement deux : GIF et JPEG. Un troisième format, PNG, devrait peu à peu supplanter le format GIF pour des raisons liées à une sombre histoire de copyright. Son implémentation n'est encore que très partiellement réalisée, tant dans les navigateurs

Heure 5 : Listes, images et multimédia

Figure 5.4 : Exemple de listes imbriquées.

que dans les éditeurs ou convertisseurs d'images. Ces formats ont en commun le fait d'offrir un taux de compression appréciable, mais au prix d'une certaine perte d'informations (donc d'une dégradation de la qualité) pour le format JPEG. De son côté, on accuse le format GIF d'être limité à 256 couleurs, ce qui est vrai, mais nous paraît tout à fait secondaire, car cela correspond au nombre de couleurs le plus utilisé sur le Web.

D'une façon générale, et sans entrer dans des justifications détaillées qui n'ont pas leur place ici, il faut utiliser le format JPEG pour les images photographiques comportant de nombreux détails et réserver le GIF pour des dessins ou schémas réalisés avec un éditeur graphique.

Outre les sites Web et FTP à partir desquels on peut trouver des images (attention, toutefois, à un éventuel copyright !) il existe un moyen assez nouveau et très pratique pour en créer : les appareils de photo numérique qui fournissent des images prêtes pour être insérées dans une page. Pour un prix de 2 à 3 000 francs, on trouve couramment des modèles de qualité suffisante (images de dimensions 640 x 480) convenant très bien à l'illustration d'un document HTML. Les images produites peuvent être utilisées telles quelles ou après une édition

Créer votre page Web

(découpage et corrections de lumière, contraste ou équilibre de couleurs) au moyen d'un logiciel graphique.

Vous trouverez, à la douzième heure, une liste de sites Web à partir desquels vous pourrez télécharger des images.

Le conteneur *<IMG>*

Pour insérer une image, on utilise le conteneur <IMG> ... </IMG> qui comporte l'attribut indispensable SRC= pointant sur le nom de l'image éventuellement précédé de son chemin d'accès. Voici un exemple simple d'utilisation d'une image. Le résultat en est affiché à la Figure 5.5.

```
<HTML>
<HEAD>
<TITLE>Une simple image</TITLE>
</HEAD>
<BODY>
<DIV ALIGN=CENTER>
<IMG SRC="knight.gif">
<H2>Au temps des croisades</H2>
</DIV>
Seigneurs, il sied au conteur qui veut plaire d'&eacute;viter
de trop longs r&eacute;cits. La mati&egrave;re de ce conte est
```

Figure 5.5 : Exemple d'utilisation simple d'une image.

Heure 5 : Listes, images et multimédia

si belle et si diverse : que servirait de l'allonger ? Je dirai
donc brièvement comment, après avoir longtemps
erré par les mers et les pays, Rohalt le Foi-Tenant
aborda en Cornouailles.
<HR WIDTH=60%>
</BODY>
</HTML>

L'attribut *ALIGN*

Le conteneur<IMG> peut comporter un autre attribut, ALIGN= permettant d'obtenir un effet d'habillage de l'image par du texte (voir Figure 5.6 obtenue à partir du document HTML suivant :

<HTML>
<HEAD>
<TITLE>La moto ABC (1924)</TITLE>
</HEAD>
<BODY>
<H2 ALIGN=CENTER>La moto ABC (1924)</H2>
<IMG SRC="abcd.gif" ALIGN=right>
Basée sur le moteur de 398 cc de l'<I>All British
(Engine) Company</I>, cette moto présentait un
grand nombre d'innovations techniques. Elle avait des
soupapes en tête, une boîte de vitesse à

Figure 5.6 : Effet d'habillage d'une image avec du texte.

Créer votre page Web

```
quatre rapports. La transmission se faisait par cha&icirc;ne
et le cadre &eacute;tait suspendu. La disposition des deux
cylindres &agrave; plat &eacute;tait tr&egrave;s rare pour
l'&eacute;poque.
<BR>
Il ne semble pas que cette recherche d'originalit&eacute; ait
&eacute;t&eacute; payante. Par la suite, on sait avec quel
succ&egrave;s BMW reprendra cette disposition qui continue
toujours &agrave; &ecirc;tre commercialis&eacute;e en 1997.
<HR>
</BODY>
</HTML>
```

L'attribut ALIGN= *peut prendre d'autres valeurs permettant d'aligner l'image horizontalement ou verticalement avec le texte qui l'environne.*

L'attribut *ALT*

Le chargement d'une image peut demander un temps appréciable. C'est la raison pour laquelle certains internautes désactivent le chargement des images (Options/Autochargement des images dans Netscape Navigator). Afin de ne pas les laisser totalement dépourvus d'informations, HTML propose l'attribut ALT= qui permet de substituer à l'image absente le texte choisi par l'auteur. Dans l'exemple précédent, si on remplace

```
<IMG SRC="abcd.gif" ALIGN=right>
```

par

```
<IMG SRC="abcd.gif" ALIGN=right ALT="Photo de la moto ABC">
```

et qu'on charge le document dans un navigateur où le chargement des images a été désactivé, on obtiendra ce qui est reproduit sur la Figure 5.7.

Heure 5 : Listes, images et multimédia

Figure 5.7 : Avec l'attribut ALT, on retrouve une partie des informations apportées par une image non affichée.

Les attributs *WIDTH* et *HEIGHT*

Ces attributs permettent de spécifier les dimensions *d'affichage* des images. Le temps de chargement de l'image n'en sera donc pas modifié, mais son affichage pourra demander un tout petit peu plus de temps, car il faudra effectuer des calculs pour modifier ses dimensions.

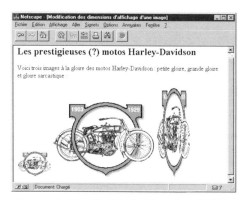

Figure 5.8 : Modification des dimensions d'affichage d'une image.

Créer votre page Web

Si le rapport de réduction n'est pas homogène dans les deux dimensions, il se produira une *anamorphose*, c'est-à-dire déformation de l'image. La Figure 5.8 montre deux exemples, l'un sans déformation et l'autre avec, obtenus avec le texte HTML suivant :

```
<HTML>
<HEAD>
<TITLE>Modification des dimensions d'affichage d'une
image</TITLE>
</HEAD>
<BODY>
<H2>Les prestigieuses (?) motos Harley-Davidson</H2>
Voici trois images &agrave; la gloire des motos Harley-
Davidson : petite gloire, grande gloire et gloire sarcastique :
<P>
<IMG SRC="harley.gif" WIDTH=86 HEIGHT=62>
<IMG SRC="harley.gif">
<IMG SRC="harley.gif" WIDTH=86 HEIGHT=225>
</BODY>
</HTML>
```

Il est déconseillé d'utiliser cette méthode pour agrandir une image, sous peine de faire apparaître un désagréable effet d'escalier.

Les images transparentes

Sur la Figure 5.5, notre chevalier des croisades se détachait parfaitement sur le fond blanc de l'écran parce qu'il avait été dessiné sur un fond de cette couleur. Mais, supposons que nous ayons choisi d'appliquer un papier peint sur l'arrière-plan de notre image au moyen de la commande :

```
<BODY BACKGROUND="fond.gif">
```

La Figure 5.9 montre ce que nous aurions obtenu.

Heure 5 : Listes, images et multimédia

Figure 5.9 : Sur un fond coloré, l'arrière-plan de l'image apparaît nettement.

Les images GIF de type 89a possèdent une intéressante propriété : celle de la transparence. On choisit une couleur (celle du fond de l'image) et, à l'aide d'un éditeur d'images (l'excellent LViewPro, par exemple) on choisit la couleur de fond qui doit devenir transparente et on sauvegarde l'image. La Figure 5.10 montre le résultat obtenu avec notre exemple précédent.

Pour éviter de donner l'impression d'une image "mangée aux mites", il est important que le fond de celle-ci soit de teinte uniforme.

Figure 5.10 : Avec un fond transparent, l'image est correctement affichée.

Créer votre page Web

▬▬▬ Le cas des grandes images

Dans les deux exemples précédents (les croisades et la moto ABC), les tailles des images étaient respectivement de 3 493 et 28 851 octets, ce qui représente un temps de chargement moyen, à 28 800 bps, de 2 secondes pour la première et de 11 secondes pour l'autre. C'est raisonnable et ça ne risque pas de lasser la patience du visiteur. Mais, pour utiliser une grande image occupant presque toute la surface de l'écran, ça risque de demander plus d'une minute. L'exemple ci-après (voir Figure 5.11) propose, en cliquant sur une petite image (une *vignette*) de 99 × 75 pixels (8 575 octets) de charger l'image agrandie qui fait 413 × 314 pixels (119 138 octets). Pour cela on fait appel au conteneur d'appel de liens <A> ... </A> que nous étudierons tout à loisir au cours de la sixième heure.

N'oubliez pas d'annoncer au visiteur la taille du fichier image à charger afin qu'il prenne sa décision en connaissance de cause.

```
<HTML>
<HEAD>
<TITLE>Utilisation d'une vignette pour charger une grande
image</TITLE>
</HEAD>
<BODY>
<H2>L'atelier de fabrication des R4 Gnome &amp;
Rh&ocirc;ne</H2>
<A HREF="atelier2.gif"><IMG SRC="atelier1.gif" ALIGN=LEFT></A>
Ces machines &eacute;taient fabriqu&eacute;es &agrave;
la SNECMA (Soci&eacute;t&eacute; Nationale d'Etude et
de Construction des Moteurs d 'Avions) qui avait
h&eacute;rit&eacute; &agrave; la Lib&eacute;ration
des usines Gnome &amp; Rh&ocirc;ne mises sous s&eacute;questre
pour avoir "un peu" collabor&eacute; avec les Allemands. En
cliquant sur cette image, on aura une vue agrandie (occupant
119 138 octets) de ces excellentes petites motos 125 cc.
2 temps, sortant de la cha&icirc;ne de fabrication et
pr&ecirc;tes &agrave; partir pour &ecirc;tre livr&eacute;es
en client&egrave;le.
<HR WIDTH=75% SIZE=3>
</BODY>
</HTML>
```

Heure 5 : Listes, images et multimédia

Figure 5.11 : Utilisation d'une vignette pour proposer le chargement d'une grande image.

La Figure 5.12 montre l'image agrandie qui, à 28 800 bps, demandera plus de 40 secondes pour être chargée. Pour revenir à la page précédente, le visiteur doit cliquer sur la commande "page précédente" de son navigateur.

Figure 5.12 : L'image en vraie grandeur.

Certains sites, qui vous offrent de télécharger des images (la plupart du temps libres de droits, mais mieux vaut le vérifier), vous proposent un catalogue analogue à celui que vous présente la

Créer votre page Web

Figure 5.13 en vous expliquant que si vous cliquez sur la vignette, vous ouvrirez une nouvelle fenêtre dans laquelle l'image sera affichée en vraie grandeur afin de faciliter votre choix.

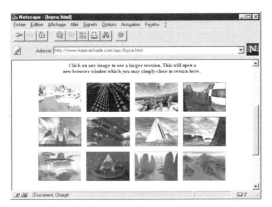

Figure 5.13 : Un catalogue d'images à télécharger présentées sous forme de vignettes.

> L'utilisation d'une grande image ou de nombreuses images de taille moyenne dans une page Web, pour peu qu'elle soit faite avec goût, peut conduire à des effets très attrayants. Au prix, malheureusement, d'un temps de chargement qui peut devenir prohibitif. Si vous êtes un artiste, rien à dire. Pour faire passer un message, refrénez vos ardeurs picturales et concentrez-vous plutôt sur votre texte !

Emploi d'images dans une liste

Pour afficher des listes à puces plus attrayantes, on peut utiliser des images en guise de puces. Mais on ne peut plus utiliser le conteneur <UL> ... </UL>. L'astuce consiste alors, pour obtenir le retrait d'affichage habituel, à utiliser une liste de glossaire à l'intérieur de laquelle on n'utilisera que le marqueur <DD>. En voici un exemple, illustré par la Figure 5.14.

```
<HTML>
<HEAD>
<TITLE>Des listes plus attrayantes</TITLE>
</HEAD>
<H1>Promotions du Grand Bazar</H1>
Cette semaine, nous vous proposons tout particuli&egrave;rement
les articles suivants :
<DL>
<DD><IMG SRC="cle.gif"> Cl&eacute; de suret&eacute;
universelle.
<DD><IMG SRC="mae.gif"> Machine &agrave; &eacute;crire
&agrave; vapeur.
<DD><IMG SRC="pendule.gif"> Pendule &agrave; moteur Diesel.
<DD><IMG SRC="telefone.gif"> T&eacute;l&eacute;phone
&agrave; gaz.
</DL>
<HR NOSHADE>
</BODY>
</HTML>
```

On peut aussi, de façon plus simple, utiliser des images colorées identiques, en forme de petite figure géométrique (boule, cercle, carré...) pour remplacer la puce dans ce type de liste.

Figure 5.14 : Une liste présentée de façon attrayante.

Créer votre page Web

Les sons

Comme les images, les fichiers de sons (appelés aussi *fichiers audio*) existent sous de nombreux formats. Mais une image est statique et, une fois chargée, elle se voit en un instant, alors que les sons réclament l'intervention de l'élément *temps* pour être perçus. La plupart des fichiers audio sont des fichiers de sons numérisés, ce qui fait que, d'une façon générale, en dehors des bruits de courte durée, ils sont plus volumineux que les fichiers d'images. Il faut toutefois mentionner les fichiers de type MIDI qui ne contiennent que des commandes destinées à des synthétiseurs et ne peuvent donc reproduire que de la musique à l'exclusion de toute parole ou bruit naturel.

Les navigateurs ne savent presque jamais interpréter directement les fichiers audio qu'ils reçoivent. Pour cela, ils ont recours à des assistants logiciels externes appelés *plug-ins*. Lorsqu'un navigateur reçoit un fichier audio, il sait, d'après son extension, de quel type il est. Il consulte alors la liste des plug-ins qui sont installés. S'il trouve celui qui convient, il peut lancer la reproduction sonore dès que l'ensemble du fichier aura été chargé.

Il existe un système de transmission de fichiers audio appelé RealAudio qui, à l'aide d'algorithmes de compression très efficaces et de l'utilisation astucieuse de buffers à la réception, permet de reproduire un fichier audio avant qu'il ne soit entièrement transmis. Mais cela exige des serveurs spéciaux qui ne sont généralement pas mis à la disposition de leurs clients non professionnels par les fournisseurs d'accès à l'Internet.

N'ayez pas trop de regret, la qualité sonore est le plus souvent mauvaise, la reproduction étant pénalisée par les aléas du routage dynamique de l'Internet, et ces fichiers ne conviennent guère que pour les bruits ou la parole.

Heure 5 : Listes, images et multimédia

Le marqueur *<BGSOUND>*

C'est le moyen le plus simple pour reproduire un fichier audio. Malheureusement, s'il est reconnu par Internet Explorer (ce qui est normal puisqu'il a été créé par Microsoft), Netscape l'ignore complètement. Sa syntaxe est très simple, car il ne comporte que deux attributs : SRC= pour indiquer le nom du fichier audio et LOOP= pour indiquer le nombre de répétitions à effectuer (les valeurs "INFINITE" et 0 signifie "sans fin"). Exemple :

```
<BGSOUND SRC="cleopha.mid" LOOP=2>
```

Dès le fichier chargé, on entendra deux fois de suite le ragtime Cleopha (de Scott Joplin).

Lien vers un fichier audio

Ici, nous allons devoir anticiper légèrement sur ce que nous verrons à la prochaine heure et reprendre une astuce dont nous avons fait usage plus haut. La façon "classique" de reproduire un fichier audio consiste à créer un lien vers ce fichier. Mais, contrairement au fichier image, le contenu de l'écran subsiste et il apparaît une petite fenêtre auxiliaire pourvue de quelques contrôles permettant d'arrêter momentanément la reproduction ou de se positionner à un autre endroit du fichier. Le document HTML suivant imite une petite boîte à musique (voir Figure 5.15).

```
<HTML>
<HEAD>
<TITLE>Un peu de sons pour ne pas avoir l'air d'un âne</TITLE>
</HEAD>
<BODY>
<H1>La boîte à musique</H1>
Voici quelques musiques de ragtime de Scott Joplin. Cliquez
celle que vous voulez entendre :
<UL>
<LI><A HREF="cleopha.mid">Cleopha</A> (15 Ko)
<LI><A HREF="kitten.mid">Kitten on the keys</A> (17 Ko)
<LI><A HREF="entertnr.mid">The entertainer</A> (19 Ko)
<LI><A HREF="micicipi.mid">Mississippi rag</A> (16 Ko)
```

```
<LI><A HREF="mapple.mid">Mapple life rag</A> (20 Ko)
</UL>
<HR>
</HTML>
```

Figure 5.15 : Une petite boîte à musique HTML.

N'oubliez pas d'annoncer au visiteur la taille du fichier audio à charger afin qu'il prenne sa décision en connaissance de cause.

LES ANIMATIONS

Il existe plusieurs façons d'afficher quelque chose qui bouge sur l'écran. Nous allons en décrire brièvement trois parmi les plus usitées.

Les animations classiques

Trois formats s'affrontent : AVI, MPEG (encore lui !) et QuickTime, créé par Apple et très populaire. Nous ne discuterons pas ici de leurs qualités propres. Dans tous les cas, le navigateur doit posséder le plug-in (ou l'assistant) convenable. Par bonheur, il existe une version de QuickTime pour Windows. La fenêtre d'affichage est loin d'occuper tout l'écran (voir Figure 5.16). Sa taille n'est que de 235 × 290 pixels et, pour une durée de 25 secondes, la taille du fichier correspondant est de 3, 4 Mo. Sur un CD-ROM, un fichier aussi gros trouve facilement sa place, mais on com-

Heure 5 : Listes, images et multimédia

prend qu'il soit préférable de trouver d'autres solutions pour transmettre des animations sur l'Internet.

La transmission de fichiers d'animation sur l'Internet est à réserver à l'intention de ceux qui disposent d'une liaison directe à gros débit. Comme on ne peut pas le savoir d'avance, il est fortement recommandé de proposer leur chargement et non de l'imposer.

Les GIF animées

Il existe une solution bien plus économique lorsqu'on accepte de se contenter de quelques mouvements rudimentaires. Cette technique appelée "GIF animées" relève directement de celle des dessins animés. On prépare une suite de dessins (de 5 à 10 ou plus, selon la complexité du mouvement à reproduire) et on les charge dans un éditeur d'images spécial (GIFANIM, par exemple) qui les assemble. Une fois que ce fichier (qui a l'extension GIF comme un fichier d'image fixe) est entièrement chargé, le navigateur

Figure 5.16 : Reproduction d'un fichier AVI.

charge successivement et rapidement les images à la suite les unes des autres, donnant ainsi l'illusion du mouvement. Cette technique qui ne fait appel qu'à des fichiers de taille raisonnable est très employée, particulièrement pour les bandeaux publicitaires de sponsorisation qui fleurissent de plus en plus sur les pages Web commerciales (et aussi sur quelques pages privées).

Shockwave

Créé par l'éditeur Macromedia, Shockwave est un outil d'interprétation de "scènes" élaborées avec l'éditeur maison Director. Le plug-in nécessaire peut être téléchargé gratuitement depuis le site de l'éditeur. Le concepteur de pages Web doit posséder le logiciel Director et, une fois programmée son animation, compresser le fichier ainsi créé avec un utilitaire aussi fourni par Macromedia. Il insère ensuite un appel de lien dans sa page Web vers ce fichier. Vu le prix de ce logiciel (850 dollars, aux Etats-Unis), son utilisation est plutôt réservée à des fins professionnelles.

VRML

Il s'agit d'un langage de modélisation de réalité virtuelle. L'auteur Web définit son monde virtuel au niveau symbolique avec un outil appelé Live3D. Il en résulte un fichier texte de taille assez faible qui doit être interprété sur le navigateur par le plug-in WebFX. On peut considérer VRML comme une extension 3D de HTML et, à ce titre, l'enseignement de son utilisation demanderait à elle seule un livre trois fois plus gros que celui-ci. Le lecteur intéressé trouvera quelques références à la douzième heure.

Heure 6

L'essence même du Web : les liens

Jusqu'ici nous nous sommes promenés dans une seule et unique page et si nous avons parlé de liens, c'est de loin et sans préciser comment ils permettaient d'aller d'une page à l'autre, d'un type de fichier à un autre. Avec les connaissances acquises maintenant, il serait temps de nous en préoccuper. Ce sera l'objet de cette sixième heure.

Principe des liens

On compare souvent le Web à une immense bibliothèque riche de tous les ouvrages publiés dans le monde entier. Bien sûr, une telle bibliothèque serait matériellement irréalisable. Mais, virtuellement, c'est possible. Pour peu que nous soit donnée la possibilité, sans bouger de chez nous, de consulter n'importe quel ouvrage, quel que soit l'endroit où il est entreposé. C'est exactement cela le principe du Web.

Créer votre page Web

A partir d'une page quelconque d'une présentation, on peut trouver des *liens* qui sont en réalité des pointeurs vers d'autres pages de la même présentation ou d'autres présentations, quelle que soit leur localisation. Concrètement, ces liens représentent des *adresses* qui portent le nom d'URL. Ce qui intéresse le lecteur, ce n'est pas l'adresse en soi, mais ce qui s'y trouve. En général, l'adresse n'est donc pas affichée et ce qui est mis en valeur dans le texte (en le soulignant et en l'affichant d'une autre couleur, en bleu, généralement), c'est ce qu'on va pouvoir y trouver. Voici les trois formes habituelles d'un *appel de lien* illustrées par la Figure 6.1.

Une URL (Uniform Resource Locator : adresse de ressource uniformisée) représente l'adresse d'une ressource de l'Internet (pas nécessairement relative au Web).

```
<HTML>
<HEAD>
<TITLE>Appel de lien simple</TITLE>
</HEAD>
<BODY>
<H1>Les derni&egrave;res œuvres de Mozart</H1>
Les trois derni&egrave;res ann&eacute;es de la vie de Mozart
vont &ecirc;tre les plus cr&eacute;atrices. <A HREF="cosi.htm">
Cosi fan tutte</A> est cr&eacute;&eacute; &agrave; Vienne en
1790. <A HREF="http://www.mozarteum.de/zauberflote.html">La
Fl&ucirc;te enchant&eacute;e</A> est pr&eacute;sent&eacute;e
en septembre 1791. Le <A HREF="#Requiem">Requiem</A> sera la
derni&egrave;re œuvre de Mozart qui meurt le 5 d&eacute;cembre
1791.
<HR>
</BODY>
</HTML>
```

C'est en vain qu'on cherchera dans les tables d'entités de caractères comment représenter le caractère "e dans l'o" qui figure dans le mot "œuvre".

Heure 6 : L'essence même du Web : les liens

Figure 6.1 : Comment se présentent des appels de liens.

Lorsque le visiteur clique sur l'un des mots du groupe souligné "La Flûte enchantée", le navigateur va charger le fichier **zauberflote.html** qui se trouve sur le serveur Web **http://www.mozarteum.de**[1]. Le contenu de ce document HTML viendra remplacer ce qui se trouve actuellement sur l'écran.

Evitez d'utiliser des caractères accentués ou des caractères ayant un sens particulier (deux points, espace, dollar, par exemple) dans une URL, car il faudrait les coder au moyen de séquences d'échappement différentes des entités de caractères (un caractère "%" suivi de la valeur hexadécimale du code ASCII du caractère à représenter).

---

[1] N'essayez pas de vous connecter sur ce serveur : il est imaginaire !

Créer votre page Web

LES TROIS FORMES DE LIENS

Dans notre exemple, nous avons vu trois appels de liens de nature différente. Toutefois, ils partagent la même structure générale :

`<A HREF="`*nom_de_ressource*`">Texte de l'appel du lien</A>`

L'attribut `HREF` signifie *Hypertext Reference* et il est généralement suivi de l'URL du fichier à charger correspondant à la ressource (serveur Web, serveur FTP, serveur de courrier... ou simplement document local), quel qu'il soit pour peu qu'on dispose du plug-in nécessaire. On peut aussi trouver un pointeur désignant une autre section du même fichier si on veut simplement afficher une autre partie d'un fichier HTML déjà chargé.

Liens vers l'extérieur

Dans le cas où on veut charger une page située sur un autre serveur, l'URL commence par le nom de ce serveur. Si on veut atteindre une autre page que la page d'accueil, ce nom de serveur sera suivi du nom du fichier à charger éventuellement précédé de son chemin d'accès. L'URL commence par un nom de protocole. Pour un fichier Web, c'est **http://**. Pour un serveur FTP, ce serait **ftp://**. Nous reviendrons plus loin sur ce point. Pour l'instant, restons-en aux fichiers Web.

Lorsque aucun nom de fichier ne suit le nom du serveur, un fichier HTML par défaut est chargé. Son nom est généralement **index.htm**, **index.html**, **default.htm** *ou* **default.html**.

Le fichier qu'on veut charger est un fichier Web banal. Pour que tout se passe bien, il suffit que le serveur et le fichier existent aux emplacements annoncés. Et, bien entendu, que la liaison par l'Internet fonctionne. C'est ici la forme la plus générale (et la plus répandue) d'un *lien externe*. C'est ainsi qu'on référence d'autres sites et c'est ce qui permet de parler d'une toile d'araignée mondiale. Dans notre exemple, cette catégorie est représentée par :

Heure 6 : L'essence même du Web : les liens

```
<A HREF="http://www.mozarteum.de/zauberflote.html">
La Fl&ucirc;te enchant&eacute;e</A>
```

Ici, la question des *liens relatifs* et des *liens absolus*, que nous aborderons un peu plus loin, ne se pose pas : les références sont nécessairement absolues.

Liens vers l'intérieur

Ces *liens internes* sont des appels de pages situées sur la même machine que celle du serveur. Attention, il ne s'agit pas de votre disque dur personnel, mais de celui du fournisseur d'accès qui héberge votre présentation. Ces pages peuvent ou non être dans le même répertoire et cela pose précisément le problème des liens relatifs et absolus. C'est de cette façon qu'on enchaîne les fichiers successifs d'une même présentation. Dans notre exemple, cette catégorie est représentée par :

```
<A HREF="cosi.htm">Cosi fan tutte</A>
```

> Un *répertoire* est une des composantes de l'arborescence d'un disque dur. On emploie aussi le mot *dossier* (particulièrement sur les Macintosh).

Déplacement dans un même fichier

Si votre page est longue et qu'il ne vous semble pas logique de la subdiviser en pages courtes de moins de cinq écrans (l'analyse de *La Flûte enchantée* et de ses implications maçonniques, par exemple), il va falloir aider votre lecteur à y naviguer. Pour cela, reprenant cet exemple, vous pourriez subdiviser cette analyse en plusieurs sections, toutes situées dans le même document HTML :

- "Circonstances de la composition" ;
- "Mozart et la franc-maçonnerie" ;
- "Analyse thématique de l'œuvre" ;
- "Analyse philosophique de l'œuvre" ;

Créer votre page Web

- "Circonstances de la première représentation" ;
- "Accueil du public", etc.

Votre lecteur ne va pas forcément lire tout ça de bout en bout. Il préférera peut-être lire les rubriques dans un ordre qui n'est pas le même que celui que vous avez prévu. Pour l'y aider, vous allez placer des jalons devant chacune de ces rubriques (lesquelles, naturellement, seront précédées d'un sous-titre — de niveau 2 ou 3, par exemple — pour aérer le document). Ces jalons s'appellent des *ancrages* (en anglais : *anchors* syntaxe est de la forme :

```
<A NAME="référence">
```

Cette forme correspond à l'appel de lien :

```
<A HREF="#Requiem">Requiem</A>
```

Le caractère dièse (#) ne doit apparaître que dans l'appel de lien. C'est une faute très courante de le répéter dans la désignation de l'ancrage et, bien entendu, le lien ne s'effectue pas.

Autre point important : ici majuscules et minuscules sont différentes. `<A NAME="requiem">` *ne permettra pas d'établir le lien. Il faut écrire* `<A NAME="Requiem">`.

ENCORE PLUS SUR LES LIENS

Vu leur importance, nous allons insister sur quelques particularités d'emploi des liens. Rappelons, néanmoins, que ce livre n'est pas un cours de HTML et qu'il existe, au sein de la douzième heure, une liste de références bibliographiques et autres qui permettront au lecteur que le sujet intéresse d'en savoir davantage sur les sujets abordés ici.

Liens relatifs, liens absolus

Pour diverses raisons, on peut être amené à changer de fournisseur d'accès ou tout simplement de site d'hébergement (c'est sou-

Heure 6 : L'essence même du Web : les liens

vent le même). Il va donc falloir transporter l'ensemble de sa présentation sur le nouvel hôte.

*N'oubliez pas de conserver chez vous une sauvegarde fidèle et intégrale de l'ensemble de votre présentation. Sur votre disque dur, bien sûr **et** sur un autre support (disquettes, cassette, disque dur amovible...). Ce serait trop bête de perdre un tel chef-d'œuvre par insouciance.*

Supposons que vous soyez un homme d'ordre (voire un maniaque) et que vous ayez décidé de créer l'arborescence reproduite sur la Figure 6.2. Votre page d'accueil (voir Figure 6.3) pourrait se présenter ainsi :

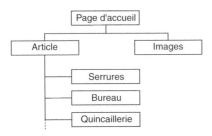

Figure 6.2 : Pour que tout soit net, vous avez créé une arborescence précise.

```
<HTML>
<HEAD>
<TITLE>Des listes plus attrayantes</TITLE>
</HEAD>
<H1>Promotions du Grand Bazar</H1>
Cette semaine, nous vous proposons tout particuli&egrave;rement
les articles suivants :
<DL>
<DD><IMG SRC="images/cle.gif">
   <A HREF="http://www.monserveur.fr/dupont/bazar/articles/
   serrures/cle.html"> Cl&eacute; de suret&eacute; universelle.
   </A>
<DD><IMG SRC="images/mae.gif">
   <A HREF="http://www.monserveur.fr/dupont/bazar/articles/
   bureau/mae.htm">Machine &agrave; &eacute;crire &agrave;
```

Créer votre page Web

```
    vapeur.
    </A>
<DD><IMG SRC="images/pendule.gif">
    <A HREF="http://www.monserveur.fr/dupont/bazar/articles/
      bureau/pendule.htm"> Pendule &agrave; moteur Diesel.
    </A>
<DD><IMG SRC="images/telefone.gif">
    <A HREF="http://www.monserveur.fr/dupont/bazar/bureau/
      bureau/phone.htm"> T&eacute;l&eacute;phone &agrave; gaz.
    </A>
</DL>
<P>
D'un clic sur l'article qui vous int&eacute;resse, vous pouvez
en apprendre davantage &agrave; son sujet (description, prix..)
</P>
<HR NOSHADE>
</BODY>
</HTML>
```

Remarquez comme les indentations (qui ne se voient absolument pas dans la fenêtre du navigateur) facilitent la relecture du document.

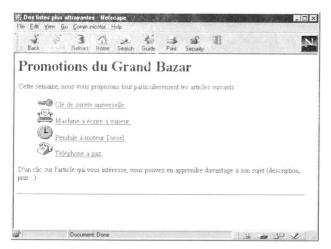

Figure 6.3 : Quatre liens dans votre présentation.

Heure 6 : L'essence même du Web : les liens

Ici, vous avez des références relatives pour les images et absolues pour les documents. C'est votre droit, mais cette façon de faire est maladroite car, si vous changez de site d'hébergement ou si votre hôte, sous couleur de réorganisation, vous attribue un autre répertoire pourvu d'un autre nom (sans vous demander votre avis), vous allez devoir modifier toutes les références internes éparpillées dans l'ensemble de votre présentation. Il aurait été plus simple de vous contenter de références internes et d'écrire, par exemple :

```
<DD><IMG SRC="images/pendule.gif">
   <A HREF="articles/bureau/pendule.htm">
     Pendule &agrave; moteur Diesel.
   </A>
```

Par défaut, c'est le protocole **http://** qui est pris en compte et le fichier sera recherché par rapport au répertoire courant qui est celui de la page d'accueil. Cette forme de lien interne est donc une référence *relative*. Si votre répertoire principal (celui de la page d'accueil) vient à être modifié, il vous suffira de recréer la même arborescence et vous n'aurez absolument rien à changer à l'intérieur de vos documents.

Il existe un marqueur, <BASE>, qui permet de spécifier un autre répertoire de référence que celui de la page d'accueil. Son emploi est plutôt réservé à des cas particuliers.

Appels de liens par des images

Jusqu'ici, nous avons décidé que nos appels de liens se feraient par du texte. Mais rien n'empêche de le faire au moyen d'une image. C'est souvent beaucoup plus explicite. Pour entourer les liens d'une bordure colorée (voir Figure 6.4), par défaut en bleu sous Windows, il suffirait alors de changer chacune des références de la façon suivante (pour la première, par exemple) :

```
<DD>
   <A HREF="/bazar/articles/serrures/cle.html">
     <IMG SRC="images/cle.gif">
   </A>
   Cl&eacute; de suret&eacute; universelle.
```

Créer votre page Web

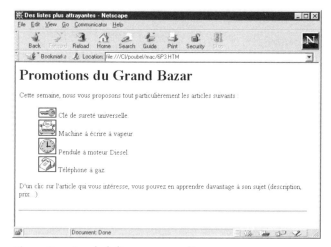

Figure 6.4 : Appels de liens au moyen d'images.

Il y a des cas où l'image se suffit à elle-même, comme dans l'exemple suivant, proposé pour les musiciens et qui leur propose un sujet sur "Les 3 B" (Bach, Beethoven et Brahms). Les portraits de ces musiciens sont si aisément reconnaissables que tout texte serait superflu.

```
<HTML>
<HEAD>
  <!-- Created with AOLpress/2.0 -->
  <TITLE>Les 3 B</TITLE>
</HEAD>
<BODY>
<DIV ALIGN=Center>
<A HREF="bach.htm">   <IMG SRC="bach.gif"
    ALT="Jean-Sébastien Bach"></A>
<A HREF="bethoven.htm"><IMG SRC="bethoven.gif"
    ALT="Ludwig van Beethoven"></A>
<A HREF="brahms.htm">  <IMG SRC="brahms.gif"
    ALT="Johannès Brahms"></A>
<FONT FACE="Elfring-elite" SIZE="7">
<H1>Les 3 B</H1>
<P>
  <HR>
```

Heure 6 : L'essence même du Web : les liens

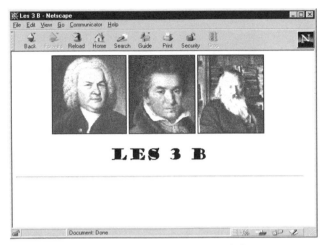

Figure 6.5 : Pour un tel sujet, les images parlent d'elles-mêmes et aucun texte n'est nécessaire.

```
<P>
</BODY>
</HTML>
```

Liens vers d'autres objets

Nous en avons précédemment rencontré deux espèces : les liens vers des images (à partir d'une vignette) et les liens vers un fichier audio. Mais on peut en trouver bien d'autres, en particulier, vers d'autres ressources de l'Internet : serveurs de fichiers (FTP) ou serveurs de news, par exemple. Un cas particulier est celui qu'on trouve presque toujours à la fin de la présentation, lorsque l'auteur invite le visiteur à donner son avis. Il existe un conteneur, <ADDRESS>, en principe conçu pour indiquer ses coordonnées et son adresse *e-mail*. Mais c'est plutôt une survivance du passé car, pratiquement, il se borne à afficher le texte qu'il contient en italique. C'est la raison pour laquelle nous vous suggérons de l'oublier.

Créer votre page Web

Voici comment on peut terminer sa présentation Web :

```
[...]
<BR>
<HR>
Cette page a &eacute;t&eacute; r&eacute;dig&eacute;e par Arthur
Dupond que vous pouvez contacter &agrave; <A HREF="mailto:
arthur.dupond@monserveur.fr">arthur.dupond@monserveur.fr</A>.
<P>
<IMG SRC="boules.gif">
</BODY>
</HTML>
```

La Figure 6.6 montre ce qui est affiché. On notera la forme particulière du protocole **mailto:** qui ne comporte pas de slash. La répétition de l'adresse électronique se justifie pour indiquer au visiteur que s'il clique sur cette adresse, il va lancer une application d'envoi de message (Netscape Navigator et Internet Explorer ont cette facilité).

Figure 6.6 : Une façon classique de terminer une présentation Web.

> *Plutôt que le classique filet, on peut utiliser des barres de séparation graphiques, généralement colorées et parfois pourvues d'un dessin à une extrémité (un nœud, une paire de ciseaux, un poisson, un hibou...). Un peu de fantaisie ne peut pas nuire, tant qu'elle reste de bon goût.*

Heure 7

Tableaux à tout faire

Les premières versions de HTML ne permettaient pas une mise en pages sophistiquée et, en particulier, la notion de *tableau* au sens où on l'entend dans les traitements de texte en était absente. Maintenant que cette lacune est comblée, quand on voit ce qu'on peut faire avec le conteneur <TABLE> ... </TABLE>, on se demande comment on a pu s'en passer.

> *HTML 4.0 a créé pour les tableaux un certain nombre de balises nouvelles d'intérêt un peu marginal et dont nous ne parlerons pas ici. Pour deux raisons : d'abord, leur utilité n'est pas évidente ; ensuite, ni Netscape ni Microsoft n'ont semblé témoigner d'un grand enthousiasme pour les implémenter. De toute façon, même en se limitant à HTML 3.2, on dispose d'outils assez riches pour réaliser à peu près tout ce qu'on peut souhaiter.*

LE PLUS SIMPLE DES TABLEAUX

Un tableau est tout entier défini dans un conteneur <TABLE> à l'intérieur duquel on définit le tableau ligne par ligne dans une suite

Créer votre page Web

de conteneurs <TR> (*table row* = ligne de tableau). Dans chaque ligne, les cellules sont définies individuellement dans des conteneurs <TD> (*table data* = données du tableau). De nombreux attributs viennent apporter une grande richesse de mise en pages à cette structure élémentaire.

Nous allons commencer par un tableau élémentaire, sans fioritures. La Figure 7.1 montre comment Netscape Navigator traduit le document HTML qui suit :

```
<HEAD>
<TITLE>Le plus simple des tableaux</TITLE>
</HEAD>
<BODY>
<DIV ALIGN=CENTER>
<H2>Ventes de mat&eacute;riel informatique</H2>
<TABLE BORDER=1>
  <TR>
    <TD></TD><TD>1995</TD><TD>1996</TD><TD>1997</TD>
  </TR>
  <TR>
    <TD>Ordinateurs</TD><TD>23</TD><TD>41</TD><TD>123</TD>
  </TR>
  <TR>
    <TD>Imprimantes</TD><TD>7</TD><TD>31</TD><TD>98</TD>
  </TR>
  <TR>
    <TD>Scanners</TD><TD>-</TD><TD>2</TD><TD>11</TD>
  </TR>
  <TR>
    <TD>Modems</TD><TD>12</TD><TD>24</TD><TD>47</TD>
  </TR>
</TABLE>
</DIV>
</BODY>
</HTML>
```

L'attribut BORDER= *indique l'épaisseur des bordures du tableau et des cellules. En son absence, le tableau n'aurait pas de bordures du tout.*

Heure 7 : Tableaux à tout faire

Figure 7.1 : Le plus simple des tableaux.

On ne peut pas dire que cette présentation soit très réussie. C'est un tableau : il contient des lignes et des colonnes à l'intérieur desquelles des cellules contiennent des valeurs. Mais il conviendrait d'y apporter quelques améliorations.

Quelques améliorations

Nous allons commencer par placer un titre au-dessus du tableau, grâce au conteneur <CAPTION> ... </CAPTION> qui accepte l'attribut ALIGN= auquel nous donnerons la valeur TOP pour que le titre soit affiché au-dessus du tableau. En lui donnant la valeur BOTTOM, le titre aurait été affiché en dessous. Pendant que nous y sommes, nous l'afficherons en gras et avec une police de caractères un peu plus grosse.

Ensuite, pour afficher les titres des colonnes, nous allons utiliser à la place de <TD> le conteneur prévu à cet effet : <TH> ... </TH> (*table heading*) et nous allons élargir un peu ce tableau au moyen de l'attribut WIDTH= placé dans <TABLE>. La Figure 7.2 montre comment s'affiche notre document HTML ainsi modifié :

```
<TABLE BORDER=1 WIDTH=400>
   <CAPTION ALIGN=TOP><B><FONT SIZE=+1>Pour les trois
   derni&egrave;res ann&eacute;es</FONT></B></CAPTION>
   <TR>
```

Créer votre page Web

```
   <TH></TH><TH>1995</TH><TH>1996</TH><TH>1997</TH>
  </TR>
  <TR>
   <TD>Ordinateurs</TD><TD>23</TD><TD>41</TD><TD>123</TD>
  </TR>
  <TR>
   <TD>Imprimantes</TD><TD>7</TD><TD>31</TD><TD>98</TD>
  </TR>
  <TR>
   <TD>Scanners</TD><TD>-</TD><TD>2</TD><TD>11</TD>
  </TR>
  <TR>
   <TD>Modems</TD><TD>12</TD><TD>24</TD><TD>47</TD>
  </TR>
</TABLE>
```

Vous remarquerez que le conteneur <TH> ... </TH> centre le contenu de la cellule qu'il définit et qu'il l'affiche en gras.

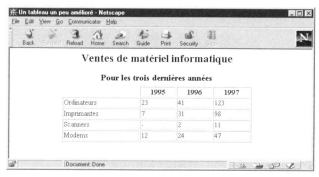

Figure 7.2 : Notre tableau simple a été un peu amélioré.

QUE PEUT-ON TROUVER DANS UNE CELLULE ?

Pratiquement n'importe quoi : une valeur numérique, du texte, une image... ou même un autre tableau. Cette faculté de pouvoir placer des images dans un tableau permet des mises en pages irréalisables autrement. Pour peu qu'on supprime la bordure du tableau, l'effet obtenu est remarquable (voir Figure 7.3).

Heure 7 : Tableaux à tout faire

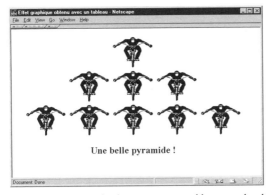

Figure 7.3 : Pyramide obtenue avec un tableau sans bordure.

```
<HTML>
<HEAD>
<TITLE>Effet graphique obtenu avec un tableau</TITLE>
</HEAD>
<BODY>
<DIV ALIGN=CENTER>
<TABLE>
   <TR>
     <TD></TD>
     <TD></TD>
     <TD><IMG SRC="gnome.gif"></TD>
     <TD></TD>
     <TD></TD>
   </TR>
   <TR>
     <TD></TD>
     <TD><IMG SRC="gnome.gif"></TD>
     <TD><IMG SRC="gnome.gif"></TD>
     <TD><IMG SRC="gnome.gif"></TD>
   </TR>
   <TR>
     <TD><IMG SRC="gnome.gif"></TD>
     <TD><IMG SRC="gnome.gif"></TD>
     <TD><IMG SRC="gnome.gif"></TD>
     <TD><IMG SRC="gnome.gif"></TD>
     <TD><IMG SRC="gnome.gif"></TD>
   </TR>
</TABLE>
```

Créer votre page Web

```
<H2>Une belle pyramide !</H2>
</DIV>
</BODY>
</HTML>
```

On peut utiliser une couleur différente pour afficher chaque cellule d'un tableau au moyen de l'attribut BGCOLOR= suivi d'un nom de couleur ou d'une valeur RGB. Cet attribut peut prendre place :

- dans le conteneur <TABLE>, toutes les cellules du tableau seront concernées,
- dans le conteneur <TR>, toutes les cellules de la ligne seront concernées,
- dans le conteneur <TD> ou le conteneur <TH>, seule une cellule sera modifiée.

En associant ces trois propriétés, on peut obtenir des effets particuliers (voir Figure 7.4, résultat obtenu avec Internet Explorer et Netscape Navigator). On pourra y noter quelques différences d'interprétation, particulièrement dans la couleur des bordures.

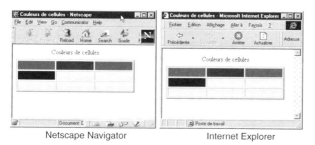

Netscape Navigator   Internet Explorer

Figure 7.4 : Utilisation d'une couleur de fond pour l'affichage des cellules.

ALIGNEMENT DU CONTENU DES CELLULES

Le contenu d'une cellule peut être aligné de plusieurs façons, grâce aux attributs ALIGN= (alignement horizontal) et VALIGN= (alignement vertical) qui peuvent intervenir dans les conteneurs <TR> ...

</TR> (toutes les cellules de la ligne seront alors concernées), <TD> ... </TD> ou <TH> ... </TH> (seule sera touchée la cellule concernée). Dans une ligne possédant ces alignements d'ensemble, on pourra ainsi particulariser la position des données d'une ou de plusieurs cellules. Voici les valeurs que peuvent prendre ces attributs :

- ALIGN : LEFT (à gauche), RIGHT (à droite) ou CENTER (au centre). Valeur par défaut : LEFT.
- VALIGN : TOP (en haut), BOTTOM (bas), MIDDLE (milieu) et BASELINE (ligne de base). Valeur par défaut : MIDDLE.

En reprenant notre exemple, nous allons l'améliorer en rajoutant ALIGN=CENTER dans chacun des conteneurs <TR> ... </TR> (sauf celui des en-têtes). La Figure 7.5 montre le résultat obtenu.

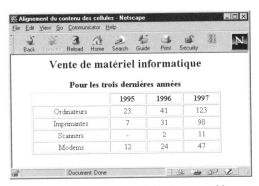

Figure 7.5 : Le contenu des cellules de notre tableau est maintenant bien centré.

```
<TABLE BORDER=1 WIDTH=400>
<CAPTION ALIGN=TOP><B><FONT SIZE=+1>Pour les trois
derni&egrave;res ann&eacute;es</FONT></B></CAPTION>
   <TR><TH></TH><TH>1995</TH><TH>1996</TH><TH>1997</TH>
   </TR>
   <TR ALIGN=center>
     <TD>Ordinateurs</TD><TD>23</TD><TD>41</TD><TD>123</TD>
   </TR>
```

```
    <TR ALIGN=center>
      <TD>Imprimantes</TD><TD>7</TD><TD>31</TD><TD>98</TD>
    </TR>
    <TR ALIGN=center>
      <TD>Scanners</TD><TD>-</TD><TD>2</TD><TD>11</TD>
    </TR>
    <TR ALIGN=center>
      <TD>Modems</TD><TD>12</TD><TD>24</TD><TD>47</TD>
</TR>
</TABLE>
```

AGRANDISSEMENT DE CELLULES

Une cellule peut s'étendre sur sa ou ses voisines, vers la droite et/ou vers le bas. Les deux attributs utilisés à cette fin sont ROWSPAN=n pour une extension horizontale et COLSPAN=n pour une extension verticale. On doit tenir compte, dans la ligne même et les lignes suivantes, de ces extensions qui "mangent" les cellules adjacentes, comme le montre l'exemple reproduit sur la Figure 7.6 :

```
<HTML>
<HEAD>
<TITLE>Extensions horizontale et verticale</TITLE>
</HEAD>
<BODY>
<H2>Un tableau avec des cellules de diff&eacute;rentes
    tailles</H2>
<TABLE BORDER WIDTH=500>
<TR>
  <TD ALIGN=CENTER>UN</TD>
  <TD ALIGN=CENTER COLSPAN=2>DEUX</TD>
  <TD ALIGN=CENTER>TROIS</TD>
  <TD ALIGN=CENTER>QUATRE</TD>
</TR>
<TR>
  <TD ALIGN=CENTER>CINQ</TD>
  <TD ALIGN=CENTER>SIX</TD>
  <TD ALIGN=CENTER>SEPT</TD>
  <TD ALIGN=CENTER ROWSPAN=3>HUIT</TD>
  <TD ALIGN=CENTER>NEUF</TD>
</TR>
<TR>
  <TD ALIGN=CENTER>DIX</TD>
  <TD ALIGN=CENTER>ONZE</TD>
```

Heure 7 : Tableaux à tout faire

```
  <TD ALIGN=CENTER>DOUZE</TD>
  <TD ALIGN=CENTER>TREIZE</TD>

</TR>
<TR>
  <TD ALIGN=CENTER>QUATORZE</TD>
  <TD ALIGN=CENTER>QUINZE</TD>
  <TD ALIGN=CENTER>SEIZE</TD>
  <TD ALIGN=CENTER>DIX-SEPT</TD>
</TR>
</TABLE>
</BODY>
</HTML>
```

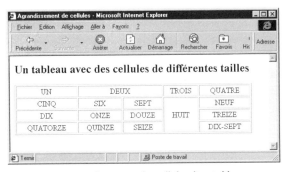

Figure 7.6 : Agrandissement des cellules d'un tableau.

Ces possibilités d'alignement et d'agrandissement des cellules sont illustrées par un exemple plus complexe dont les Figures 7.7 et 7.8 illustrent la présentation : d'abord normale (sans bordures), puis pour bien montrer le regroupement des cellules, avec une bordure :

```
<HTML>
<HEAD>
<TITLE>Extrait du palmar&egrave;s 1927 - 1928</TITLE>
</HEAD>
<BODY>
<CENTER><H2>EXTRAIT DU PALMARES 1927-28</H2>
<TABLE BORDER=1>

<TR><TD><B>C&ocirc;te de Griffoutet</B></TD>
```

Créer votre page Web

```
           <TD>500 cmc</TD><TD>1.</TD><TD>LANGLOIS</TD></TR>

 <TR><TD ROWSPAN=2><B>Six jours d'Hiver</B></TD>
     <TD>250 cc</TD><TD> 1. ex-&aelig;quo</TD>
     <TD>LEZIN<BR>BOURGUIN</TD>
     </TR><TR>
     <TD>500 cmc</TD><TD>1. ex-&aelig;quo</TD>
     <TD>BERNARD<BR>BERRENGER<BR>LEREFAIT</TD></TR></TR>

 <TR><TD><B>C&ocirc;te de Morlaas</B></TD>
     <TD>175 cmc</TD><TD>1.</TD><TD>LANGLOIS</TD></TR>

 <TR><TD ROWSPAN=3><B>Paris-Nice</B></TD>
     <TD>175 cc</TD><TD>1.</TD><TD>LANGLOIS</TD>
     </TR><TR>
     <TD>250 cmc</TD><TD>1. ex-&aelig;quo</TD><TD>LEZIN</TD>
     </TR><TR>
     <TD>500 cmc</TD><TD>1. ex-&aelig;quo</TD>
     <TD>NAAS<BR>BERNARD<BR>BERRENGER</TD></TR></TR>

 <TR><TD ROWSPAN=3><B>Circuit du Printemps</B></TD>
     <TD>175 cmc</TD><TD>1.</TD><TD>LANGLOIS</TD>
     </TR><TR>
     <TD>250 cmc</TD><TD>1.</TD><TD>VIC</TD>
     </TR><TR>
     <TD>500 cmc</TD><TD>1.</TD><TD>DORMOY</TD></TR></TR>

 <TR><TD><B>C&ocirc;te des Ronchettes</B></TD>
     <TD>500 cmc</TD><TD>1.</TD><TD>MARC</TD></TR>

 <TR><TD ROWSPAN=2>
   <B>Bordeaux-Les Pyr&eacute;n&eacute;es<BR>Bordeaux</B></TD>
     <TD>250 cmc</TD><TD>1. ex-&aelig;quo</TD><TD>LANGLOIS</TD>
     </TR><TR>
     <TD>500 cmc</TD><TD>1. ex-&aelig;quo</TD>
     <TD>BOURGUIN<BR>TASTET<BR>MATHIAS<BR>COUNARD</TD></TR></TR>

</TABLE>
</BODY>
</HTML>
```

Heure 7 : Tableaux à tout faire

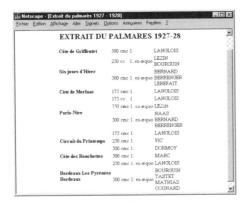

Figure 7.7 : Tableau complexe.

Figure 7.8 : Le même tableau, avec une bordure, pour illustrer la structure des cellules.

> Certains navigateurs éprouvent des difficultés à gérer correctement l'affichage d'une cellule vide. Dans ce cas, on rajoutera l'entité de caractère   représentant une espace insécable à l'intérieur de la cellule et, normalement, tout devrait rentrer dans l'ordre.

Créer votre page Web

Un menu de liens avec un tableau

La disposition géométrique des cellules d'un tableau permet de présenter des menus de liens sous une forme peu encombrante et malgré tout lisible, pour peu qu'on prenne le soin de réaliser les appels de liens par des images et non par du texte. L'avantage de cette méthode est de rendre l'affichage indépendant des options choisies par le visiteur pour son navigateur (taille de la police d'affichage). La Figure 7.9 reproduit un de ces menus dont voici un extrait comportant la première et la dernière ligne du tableau :

```
<TABLE BORDER=0 CELLPADDING=0 CELLSPACING=0>
 <TR>
  <TD><A HREF="histo1.htm">
    <IMG SRC="x_gr.gif" ALT="Gnome & Rh&ocirc;ne" ></A></TD>
  <TD><A HREF="histo2.htm">
    <IMG SRC="x_amgr.gif" ALT="L'AMGR" ></A></TD>
  <TD><A HREF="statuts.htm">
    <IMG SRC="x_statut.gif" ALT="Les statuts" ></A></TD>
  <TD><A HREF="services.htm">
    <IMG SRC="x_activi.gif" ALT="Les activit&eacute;s" >
    </A></TD>
  <TD><A HREF="refabri.htm">
    <IMG SRC="x_refab.gif"  ALT="Refabrications" ></A></TD>
 </TR>

[...]

<TR>
   <TD> </TD><TD COLSPAN=3><A HREF="ffve.htm">
    <IMG SRC="x_ffve.gif" ALT="Tout sur les cartes grises
      de collection" ></A></TD>
 </TR>
</TABLE>
```

Pour juxtaposer les images, on a utilisé ici deux autres attributs, CELLPADDING *et* CELLSPACING *qui régissent l'espace entre les cellules d'un tableau.*

Heure 7 : Tableaux à tout faire

Figure 7.9 : Un menu de liens constitué par un tableau d'images.

On aurait pu se contenter d'aligner les uns à la suite des autres les marqueurs <IMG> en les séparant quatre par quatre avec un marqueur <BR>. Mais ainsi, lorsque le visiteur choisit une dimension d'écran un peu étroite, les alignements du tableau sont conservés et peuvent être vus grâce aux barres de défilement (voir Figure 7.10) alors que, sans tableau, les images constituant les appels de liens sont affichées n'importe comment (voir Figure 7.11).

Figure 7.10 : Avec un tableau, la présentation du menu de liens n'est pas bouleversée quand l'écran est trop petit.

Créer votre page Web

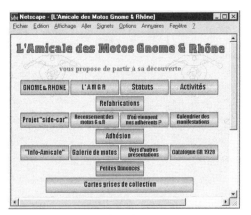

Figure 7.11 : Sans tableau, la mise en pages du menu de liens est incohérente.

UNE PAGE EN FORME DE JOURNAL

Pour montrer le rôle que peut jouer un tableau dans la mise en pages d'une présentation Web, nous allons montrer comment a été obtenue la page de la Figure 7.12, qui cherche à imiter la présentation d'un journal imprimé sur trois colonnes. La place nous manque pour reproduire l'intégralité du texte. Nous allons en extraire l'essentiel.

```
   [...]
<DIV ALIGN=CENTER>
<IMG SRC="fanta.gif">
<TABLE BORDER=0>
<TR VALIGN=top>

<TD WIDTH=185>
<FONT SIZE=6><B>Le chimpanz&eacute;</B></FONT>
<BR>
Ce sont de grands singes sans queue, &agrave; face nue, mais
que l'imagination seule a pu pr&eacute;senter comme des <I>
hommes des bois</I>. Leur corps ramass&eacute;, leurs membres
post&eacute;rieurs raccourcis comparativement aux bras, enfin,
leur face prolong&eacute;e en une sorte de museau et d&eacute;
```

Heure 7 : Tableaux à tout faire

Figure 7.12 : Un tableau permet d'imiter la mise en pages d'un journal imprimé.

```
pourvue de front lorsque l'animal est adulte,
<BR><IMG SRC="singe.gif"><BR>
impriment &agrave; leur ext&eacute;rieur tous les traits de la
bestialit&eacute;. Les jeunes, seuls, ont pu offrir quelques
analogies lointaines avec les formes de nos enfants.. Mais ils
nous ont surtout inspir&eacute; des rapprochements de ce genre
par un certain
</TD>

<TD WIDTH=185>degr&eacute; d'intelligence et par des instincts
remarquables de sociabilit&eacute;. Toutes ces qualit&eacute;s

  [...]

l'homme seul que le po&egrave;te a pu dire:
<BR>
<FONT SIZE=2><I>Levant un front altier, il dut porter les
yeux<BR> Vers la vo&ucirc;te &eacute;toil&eacute;e et
contempler les cieux.</I>/<FONT>
<HR NOSHADE>

<FONT SIZE=6><B>Le catoblepas</B></FONT>
<BR>
```

Créer votre page Web

```
Animal extraordinaire cit&eacute; par Pline: "En Ethiopie,

   [...]

</TD>

<TD WIDTH=185>
qui, en effet, porte la t&ecirc;te baiss&eacute;e comme les
ruminants, pour combattre, mais qui n'expose pas aux dangers
dont parle Pline.
<BR><HR NOSHADE>
<FONT SIZE=6><B>Le dragon</B></FONT>
L'imagination des po&egrave;tes et des artistes de
l'antiquit&eacute; a enfant&eacute;
<BR><IMG SRC="dragon.gif" WIDTH=175><BR>
un animal bizarre et effrayant en unissant au corps et aux
membres d'un lion, les ailes, soit d'un oiseau, soit d'une
chauve-souris et la queue d'un serpent.

   [...]
</TD>
</TR>
</TABLE>
</DIV>
</BODY>
</HTML>
```

Il n'y a pas de miracle : HTML ne permet pas vraiment de faire de la PAO et il faut tricher tant et plus ! Nous voulons que cette page soit affichable en format 640 × 480. Pour conserver un peu de marge, nous attribuerons donc une largeur égale à chaque colonne, soit 185 pixels. Nous constituons alors un tableau sans bordures qui aura une ligne et trois cellules représentant chacune une des colonnes de la page. Le titre principal est une image réalisée avec un quelconque logiciel de dessin et une police Trek-Monitor , de corps 48.

Nous continuons par saisir notre texte, au kilomètre, dans la première cellule, en ménageant des coupures par <BR> ou <P> et en insérant les images aux endroits appropriés. Entre chacun des trois articles, nous plaçons un filet <HR> sans ombrage jouant le rôle de séparateur. Les titres sont obtenus avec une police plus grosse, sans utiliser les conteneurs <Hn>. Une fois cela terminé, nous avons une grande colonne de texte que nous allons couper un peu au hasard en trois pour en répartir le contenu dans nos trois cellules. Par tâtonnements, en déplaçant une ligne par-ci, une ligne par-là, nous allons équilibrer l'ensemble. Pour finir, les deux vers de la citation sont affichés avec une police de plus petit corps pour tenir dans l'espace limité d'une colonne.

Les tableaux et les éditeurs HTML

Comme on a pu le constater, la définition d'une mise en pages précise avec une structure de tableau n'est pas toujours des plus faciles. Les éditeurs HTML graphiques facilitent, dans une certaine mesure, cette cuisine. Mais, dans les cas délicats, leur maniement devient tellement compliqué qu'il est presque toujours nécessaire de mettre la main à la pâte et de corriger ça et là quelques lignes du code HTML qu'ils ont générées.

D'un autre côté, bien que les spécifications de la balise <TABLE> soient maintenant fixées depuis longtemps, force est de constater que son interprétation par les navigateurs n'est pas identique. Une fois de plus, nous recommandons de contrôler ce qu'on aura écrit avec le plus de systèmes (matériels et logiciels) différents avant de le livrer en pâture au public.

Heure 8

Images réactives, compteurs d'accès, formulaires et frames

Nous pourrions en rester là avec HTML : vous en connaissez assez pour réaliser des présentations de bon aloi. Mais images réactives et compteurs sont des gadgets qui donnent à une présentation un attrait supplémentaire et, comme nous l'avons dit au début de ce livre, il ne faut rien négliger pour retenir le visiteur occasionnel. Quant aux formulaires, comme vous le verrez, le sujet sera vite expédié.

LES IMAGES RÉACTIVES

Le principe des images réactives (en anglais : *imagemaps* ou *clickable imagemaps*ple : on découpe une image en zones facilement identifiables et on décide d'affecter chacune de ces zones à un appel de lien interne ou externe. Ainsi, au lieu de cliquer sur un texte d'appel, on cliquera sur une image. Cela revient à avoir un menu d'icônes, mais avec beaucoup plus de souplesse.

Le choix de l'image

Toutes les images ne conviennent pas pour réaliser une image réactive : il faut pour cela qu'elles puissent se décomposer naturellement en zones aisément repérables et le plus géométriques possible : rectangles, cercles ou polygones.

Un mauvais choix

Par exemple, l'image du chimpanzé que nous avons utilisée à la fin de l'heure précédente et qui est reproduite sur la Figure 8.1, ne convient absolument pas : rien de bien net ne s'en détache.

Figure 8.1 : Cette image ne convient absolument pas pour réaliser une image réactive.

Un choix moins mauvais

Par contre, la Figure 8.2 conviendrait très bien à une présentation sur la culture et la consommation des salades. Elle est simple à réaliser et ne demande pas de talents de dessinateur particuliers (mais si vous en avez, vous pourriez certainement faire quelque chose de mieux présenté !). La police utilisée est une Stymie Light, assez originale tout en restant lisible (critère essentiel pour un

Heure 8 : Images réactives, compteurs d'accès, formulaires et frames

menu de liens). Le titre général "A la bonne salade, mesdames !" est réalisé avec une police Comic sans serif. On peut remarquer que le pointeur "Récolte" est placé au centre et affiché avec une police de corps supérieur pour attirer le regard. Les zones individuelles sont diversement colorées.

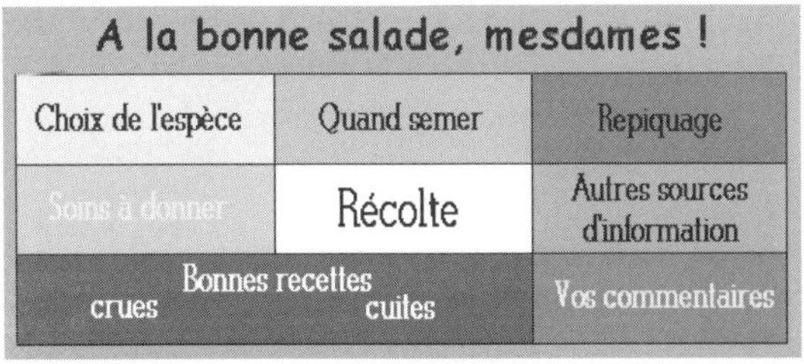

Figure 8.2 : Cette image, quelconque sur le plan artistique, convient mieux pour réaliser un menu de liens.

Un meilleur choix

Mais on voit mal quel est l'intérêt de cette présentation par rapport au menu que nous avons vu, à l'heure précédente, composé d'une juxtaposition de petites images rectangulaires dans un tableau. Mieux vaudrait estomper les encadrements et disposer les inscriptions directement sur un fond de même couleur. On aboutit alors à ce que montre la Figure 8.3.

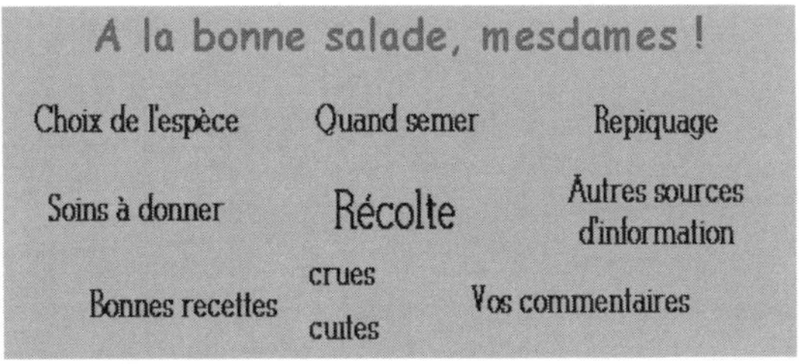

Figure 8.3 : Amélioration de notre image réactive.

Créer votre page Web

Comment l'utilisateur se doutera-t-il qu'il peut cliquer quelque part ? Tout simplement parce qu'en promenant sa souris sur l'image, il verra le pointeur se changer en une main. En délimitant chaque partie de l'image en zones rectangulaires non jointives, cet effet sera accru.

On pourrait encore améliorer cette dernière disposition en répartissant les rubriques un peu au hasard et en inclinant les textes et — pourquoi pas ? — choisir de décrire les zones correspondantes comme des cercles, des rectangles ou des polygones, selon leur rapprochement et leur forme.

Une très bonne image

Si vous avez décidé de donner au monde des gastronomes quelques connaissances précises sur l'emplacement des meilleures pièces de bœuf (et des moins bonnes), la Figure 8.4 est absolument ce qu'il faut. Vous pourrez colorer en rouge les meilleurs morceaux, en rose, ceux de qualité immédiatement inférieure et en bleu ceux qu'il convient d'éviter à cause de leur mauvaise qualité gustative. Ici, l'image vient exactement à l'appui du propos, ce qui fait que l'image réactive est parfaitement en situation. Par contre, le découpage des zones sera plus délicat car, presque partout, vous devrez utiliser des polygones, c'est-à-dire définir beaucoup de points. Mais la qualité d'une présentation est à ce prix !

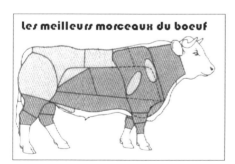

Figure 8.4 : Une excellente image réactive.

Heure 8 : Images réactives, compteurs d'accès, formulaires et frames

Trois implémentations possibles

Les images réactives sont une création HTML ancienne et deux des plus importants partenaires ("adversaires" serait sans doute plus juste) dans ce domaine, le CERN (*Centre Européen pour la Recherche Nucléaire*) et le NCSA (*National Center for Supercomputing Applications*), ont chacun proposé leur standard, bien entendu incompatible avec celui du voisin. Curieusement, ces deux méthodologies sont aussi inutilement compliquées l'une que l'autre et font appel à un dialogue client serveur dont nous allons donner les grandes lignes :

> *Non seulement ces méthodes sont incompatibles, mais il faut savoir, avant de faire son choix, quelle est celle en usage sur le serveur qu'on utilise. Si, plus tard, on déménage sa présentation sur un autre serveur, on risque d'avoir à modifier ses documents HTML pour respecter le "standard" accepté par le nouveau.*

1. L'utilisateur clique dans une image réactive.
2. Les coordonnées du point sont envoyées au serveur accompagnées du nom du fichier attaché à l'image réactive par le navigateur.
3. Le serveur lance alors un programme particulier, généralement *imagemap*.
4. Ce programme recherche dans ce fichier — qui est une table de correspondance — l'URL du lien à activer.
5. Si le point est bien dans l'une des zones définies, la page située à l'URL correspondante est renvoyée au navigateur. Sinon, c'est un message d'erreur qui est renvoyé.
6. Si tout s'est bien passé la page correcte est affichée.

Il a fallu un temps certain pour que de bons esprits, chez Netscape, s'aperçoivent que tout ce travail pouvait être réalisé sans aucun

Créer votre page Web

problème chez le *client*, sans faire appel au *serveur*. D'où le nom de *client side* qui fut donné à cette nouvelle méthode.

Au début, on a continué d'employer l'une des deux anciennes méthodes parce que les navigateurs utilisés n'étaient pas tous capables d'interpréter la nouvelle méthode. Mais, maintenant, rechercher une telle complication ne se justifie plus guère et c'est pourquoi notre exposé les laissera de côté au profit de la seule méthode *client side* ne nécessite plus tout ce dialogue client-serveur, générateur de charge inutile de l'Internet et de temps perdu pour le visiteur.

Décomposition d'une image réactive

A l'intérieur d'une image réactive, on trouve des *zones sensibles* (en anglais : *hot spots*) qui peuvent revêtir trois formes géométriques : le rectangle, le cercle et le polygone. Il existe aussi une quatrième zone, la zone *par défaut* qui a la particularité... de ne pas exister. Plus exactement, elle va permettre de charger une page située à une URL particulière lorsque le visiteur cliquera *en dehors* d'une zone réellement définie. Le contenu de cette page lui explique généralement qu'il a fait une erreur de pointage. Pour éviter d'effacer la page présente et de devoir la recharger, le mieux est alors de faire appel à un script JavaScript. Nous y viendrons au cours de l'heure suivante.

Définition d'une image réactive

Il existe des programmes spécialisés dans la création d'images réactives. MapEdit et LiveImage, pour les amateurs de PC et le freeware WebMap (**mailto:rowland@city.net**), pour ceux qui ne jurent que par le Mac, sont sans doute parmi les plus connus et les plus utilisés. Mais leur emploi n'est pas indispensable. Pour bien comprendre le mécanisme de création, nous allons expliquer comment on peut écrire les commandes nécessaires, à la main, avec un éditeur de texte ordinaire.

Heure 8 : Images réactives, compteurs d'accès, formulaires et frames

La première des choses à faire, naturellement, c'est de dessiner l'image, puis de repérer soigneusement les coordonnées des zones sensibles, exprimées en pixels, qui seront définies dans un conteneur spécial organisé en forme de table et presque toujours placé dans la page HTML même où est chargée l'image réactive :

- Pour un rectangle, on définira les coordonnées des extrémités de la diagonale principale.
- Pour un cercle, ce sera les coordonnées du centre suivies de la valeur du rayon.
- Pour un polygone, les coordonnées des points successifs.

Le conteneur dans lequel doit se trouver cette table s'appelle `<MAP NAME="nom"> ... </MAP>`. On trouve à l'intérieur autant de marqueurs `<AREA>` qu'il y a de zones sensibles à définir. Chacune de ces zones sera ainsi définie :

```
<area shape=type de zone coords="liste de coordonnées"
 href="appel de lien">
```

avec *type de zone* valant `rect`, `circle` ou `polygon`.

L'image réactive sera chargée comme une image normale, par un marqueur `<IMG>` dans lequel on aura ajouté un attribut USEMAP suivi du nom de la table descriptive des zones sensibles (du conteneur `<MAP> ... </MAP>`).

Un exemple va lever toute ambiguïté :

```
<HTML>
[...]
<BODY>
[...]
<IMG SRC="salades.gif" USEMAP="#salades" BORDER="0">
[...]
<map name="salades">
  <area shape="rect" coords="11,40,156,90"
    href="http://www.montruc.fr/semis.htm">
  <area shape="polygon"
    coords="34,68,34,56,129,58,126,91,95,94,80,126,69,85"
    href="#rubrique_123">
```

Créer votre page Web

```
  <area shape="rect" coords="309,146,455,195"
    href="mailto:moimeme@montruc.fr">
  <area shape="circle" coords="221,66,24" href="#quand_semer">
  <area shape="default" href="#erreur">
</map>
[...]
<A NAME="erreur">
C'est ici qu'est signalée l'erreur dans le choix d'une zone
[...]
</BODY>
</HTML>
```

Comme on le voit, on peut trouver n'importe quelle forme de lien : interne ou externe. Si on ne veut pas définir de traitement d'erreur pour un clic en dehors des zones sensibles, au lieu de href= dans le marqueur <AREA>, on indiquera simplement l'attribut nohref. On peut fort bien indiquer un autre type de ressources que **http://**. C'est ce qui a été fait avec **mailto:** dans l'exemple ci-avant. Rappelons que ce protocole est celui d'un envoi de e-mail.

Il peut y avoir recouvrement partiel entre deux zones. Dans ce cas, c'est la première qui a été définie qui l'emportera puisque la table des zones sensibles est explorée par le navigateur dans l'ordre où ont été créées les entrées <AREA>.

On peut placer des commentaires à l'intérieur d'un conteneur <MAP> ... </MAP>. *Ils devront alors être précédés d'un caractère dièse (#).*

L'utilitaire MapEdit

Il s'agit d'un programme shareware dont l'installation est simple et ne mérite pas qu'on s'y attarde. Il convient aux deux anciennes méthodes et à la méthode dite *client side*. Pour créer une table (ou un fichier de définitions), il suffit de cliquer sur File puis sur Open/Create. Dans la boîte de dialogue qui s'ouvre, il faut choisir le nom du fichier HTML (qui doit déjà exister) dans lequel on veut créer la table et cliquer ensuite sur OK.

Heure 8 : Images réactives, compteurs d'accès, formulaires et frames

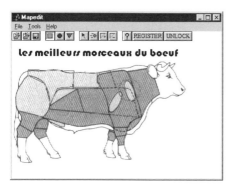

Figure 8.5 : L'utilitaire de réalisation d'images réactives MapEdit.

Une seconde boîte de dialogue propose le nom des images contenues dans ce fichier et définies dans un conteneur <IMG>. Il faut alors cliquer sur celle qui va servir d'image réactive puis sur OK. Les formats reconnus sont GIF, JPEG et PNG.

L'image est alors chargée (Figure 8.5). La barre d'outils de MapEdit propose, entre autres, trois outils de définition de zone : un carré vert (outil rectangle), un cercle bleu (outil cercle) et un triangle rouge (outil polygone). Voici comment les utiliser :

- Pour définir un rectangle, on commence par cliquer sur le carré vert de la barre d'outils. On clique ensuite sur un de ses sommets de la zone rectangulaire puis sur l'autre extrémité de sa diagonale et on clique une seconde fois. Dans la boîte de dialogue qui s'ouvre, on tape l'URL ou l'ancrage de l'appel de lien correspondant à la zone qu'on vient de définir.

- Pour définir un cercle, on commence par cliquer sur le cercle bleu de la barre d'outils. On clique ensuite au centre de la zone et on déplace le pointeur jusqu'à ce que le cercle qui apparaît couvre la zone à définir. On clique alors une seconde fois et on renseigne la boîte de dialogue comme ci-avant.

- Pour définir un polygone, on commence par cliquer sur le triangle rouge de la barre d'outils. On clique ensuite sur chacun des sommets du polygone. On clique du bouton droit sur le dernier et on fait comme ci-avant.

L'aide en ligne est assez explicite pour qu'il ne soit pas utile d'en dire davantage. Elle n'a que le défaut d'être rédigée en anglais.

LES COMPTEURS D'ACCÈS

Un compteur d'accès permet de compter le nombre de chargements de la page dans laquelle est situé son appel. Pour cela, il est indispensable de recourir au serveur, car le compteur est matérialisé par un petit fichier situé sur le serveur. Pour exploiter le contenu de ce fichier, il faut exécuter un programme *général* du serveur (l'auteur Web n'a aucun programme personnel à écrire) qui va aller chercher le contenu de ce compteur, l'incrémenter d'une unité, l'éditer sous forme d'une image composée de chiffres et renvoyer cette image au demandeur.

La fonction de comptage est donc réalisée par un appel de lien, mais c'est un appel indirect qui prend la forme du chargement d'une image. En voici un exemple dont la Figure 8.6 montre le résultat :

```
<H3>
Vous &ecirc;tes notre
<IMG SRC="/cgi-bin/counter?jdupont&font=stencil&width=4">
&egrave;me visiteur depuis le 18 mai 1996
</H3>
```

Dans cette commande, voici à quoi correspondent les différents paramètres :

- /cgi-bin/counter est le nom du programme du serveur qui est appelé.
- ? est un séparateur.
- jdupont est le nom du répertoire personnel où se trouve le compteur.
- & est un séparateur.

Heure 8 : Images réactives, compteurs d'accès, formulaires et frames

Figure 8.6. : Affichage d'un compteur d'accès.

- font=stencil spécifie le style des images de chiffres qui seront utilisées pour composer l'image du compteur renvoyée. Comme on le voit sur la Figure 8.6, l'auteur a choisi ici une forme de chiffres ressemblant à ceux qu'on obtient avec un pochoir.

- & est un séparateur.

- width=4 spécifie le nombre de chiffres que contiendra l'image du compteur.

 Cela est un exemple. Dans la réalité, les paramètres à utiliser dépendent de l'implémentation réalisée par le fournisseur d'accès auquel on est abonné. C'est donc auprès de lui qu'on devra se renseigner sur la forme exacte à donner à cet appel. Les fournisseurs d'accès bien organisés proposent une FAQ (foire aux questions) contenant toutes les indications nécessaires.

LES FORMULAIRES

Jusqu'à présent, ce n'est pas un dialogue qui est entretenu entre le client (le visiteur) et le serveur (le fournisseur d'accès qui héberge votre présentation), mais un monologue : le serveur parle et le client écoute. Or, vous avez certainement constaté en surfant

Créer votre page Web

sur le Web que, souvent, certaines des présentations qui permettent de télécharger un programme, vous demandent auparavant de décliner votre identité. Ce qui prouve donc qu'il existe une possibilité de faire parvenir des informations du client vers le serveur. Pour cela, on utilise un formulaire.

Le principe de fonctionnement d'un formulaire est le suivant :

- La page Web contenant le formulaire demande au visiteur de fournir certaines informations (nom, adresse *e-mail*...) dans des boîtes de saisie ou de cocher des options.

- A la fin de ces "objets HTML", un bouton rectangulaire est affiché portant un mot qui est généralement Submit ou Envoyez.

- Lorsque le client clique sur ce bouton, les informations recueillies dans les boîtes de saisie sont mises en forme et envoyées au serveur, accompagnées du nom d'un *programme spécialisé écrit par l'auteur Web* et qui réside dans un répertoire particulier du serveur. Le nom de ce programme a été indiqué à l'origine par l'auteur de la présentation dans la balise initiale du formulaire.

- Lorsque le serveur reçoit le message, il appelle le programme désigné et lui transmet les informations qu'il a reçues.

- Le programme traite ces informations et peut en faire ce que bon lui semble. Par exemple, les archiver. Généralement il renvoie un accusé de réception personnalisé au client. Pour cela, il construit un fichier HTML qui est renvoyé au navigateur du client, lequel l'affiche.

Pour exploiter un formulaire, il est donc nécessaire :

- de savoir programmer ;
- d'être autorisé à déposer un programme personnel sur le disque dur du serveur Web ;
- d'être autorisé à exécuter indirectement ce programme.

Heure 8 : Images réactives, compteurs d'accès, formulaires et frames

Pour des raisons de sécurité évidentes, les deux dernières conditions entraînent le plus souvent une forte réticence de la part des fournisseurs d'accès et c'est pourquoi la plupart d'entre eux n'autorisent pas leurs abonnés à utiliser des formulaires. En général, les formulaires sont plutôt utilisés à des fins commerciales et la page Web sous-traitée au fournisseur d'accès, ce qui lève ainsi tout problème de sécurité. Les pages Web personnelles doivent se résigner à s'en passer.

Enfin, la première condition impose au client de connaître un langage de programmation évolué (généralement PERL, parfois C ou C++), ce qui constitue une raison supplémentaire pour ne pas mettre de formulaire dans une page personnelle.

Heureusement, il existe un moyen simple de contourner ces obstacles. Au lieu d'être traitées sur le serveur par un programme spécifique, les informations reçues par le serveur sont placées dans un message de courrier électronique et envoyées à l'auteur à une adresse précisée par celui-ci. Pour cela, le conteneur <FORM> ... </FORM> dans lequel est placé le formulaire, doit se présenter sous la forme suivante :

```
<FORM ACTION="mailto:jdupont@monserveur.fr ">
[...]
</FORM>
```

où jdupont@monserveur.fr est l'adresse e-mail à laquelle doivent être envoyées les informations reçues par le formulaire.

Reste que pour dépouiller ces informations, il faudra bien écrire un programme. Mais rien n'empêche de l'écrire en BASIC ou tout autre langage simple et comme cette opération se fera au domicile de l'auteur Web et sur son propre disque dur, cela ne risque pas de créer une faille de sécurité chez le fournisseur d'accès. L'inconvénient de cette méthode est l'impossibilité d'envoyer en temps réel une réponse appropriée en fonction des informations fournies par le visiteur, comme c'est le cas avec la forme complète (et normale) des formulaires. Mais, à cheval donné, on ne regarde pas les dents...

Créer votre page Web

Les frames

Grâce aux *frames* (aux "cadres", en français), vous pouvez afficher plusieurs fenêtres sur l'écran, certaines fixes, d'autres rechargeables. Cet artifice est particulièrement pratique pour conserver un menu de navigation affiché en permanence. Le seul inconvénient des frames est que certains utilisateurs, attachés à leur antique navigateur, ne pourront pas les afficher. Il existe par bonheur une balise qui permet — pour peu que l'auteur Web l'ait prévu dans sa présentation — d'utiliser un ensemble de pages Web classiques. Au prix d'une mise à jour plus contraignante pour le malheureux auteur qui devra, ainsi, gérer deux ensemble de pages différentes.

 Au second semestre 1998, on est en droit de considérer les navigateurs ne supportant pas les frames comme ayant largement mérité de faire valoir leurs droits à la retraite et de conseiller à leurs aficionados de "s'équiper moderne".

Structure d'une présentation Web avec cadres

La première des choses à faire est de définir l'agencement qu'on va donner à son écran : en combien de zones va-t-il être divisé, quelle sera la forme de ces zones et que contiendront-elles ? Cette description géométrique va être traduite par une commande particulière, le *frameset* qui devra se trouver dans le premier fichier HTML chargé lorsqu'un visiteur se connectera sur votre site Web. La Figure 8.7 montre un exemple de découpage classique très simple et souvent utilisé dans lequel la zone de gauche est réservée au menu de navigation et le reste de la page à l'affichage. On rencontre aussi la disposition illustrée par la Figure 8.8, dans laquelle la petite zone horizontale sert à afficher des messages ou des publicités pour ceux qui ont réussi à se faire sponsoriser.

Heure 8 : Images réactives, compteurs d'accès, formulaires et frames

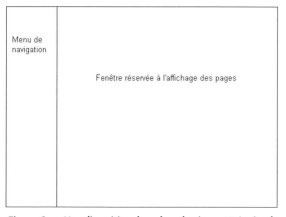

Figure 8.7 : Une disposition de cadres classique et très simple.

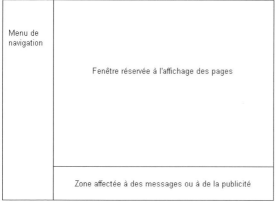

Figure 8.8 : Autre disposition classique de cadres.

La taille des cadres peut être ajustable par l'utilisateur ou fixe, selon le choix fait initialement par l'auteur Web.

Ecriture des balises HTML relatives aux cadres

Il existe deux balises affectées aux cadres : <FRAMESET> et <FRAME>. La première définit le découpage proprement dit de l'espace et la seconde les propriétés générales de chacune des zones ainsi définies. En outre, une troisième balise : <NOFRAMES> sert de bouée de secours aux navigateurs ne sachant pas nager dans un cadre.

Le conteneur *<FRAMESET>*

Dans le premier cas, voici quel sera le document HTML correspondant :

```
<HTML>
<HEAD>
<TITLE>Un frameset tr&egrave;s simple</TITLE>
</HEAD>
<FRAMESET COLS="25%,*">
  <FRAME SRC="menu.htm" NAME="menu">
  <FRAME SRC="accueil.htm" NAME="fenetre">
</FRAMESET>
</HTML>
```

Dans tous les autres fichiers, il est inutile de placer un conteneur <TITLE> ... </TITLE>, car seul celui du fichier maître (celui qui contient le découpage en cadres) sera affiché. La Figure 8.9 montre comment va se présenter l'écran.

Comme on peut le voir, ce fichier HTML ne contient aucun conteneur <BODY> ... </BODY>. Il est remplacé par <FRAMESET> ... </FRAMESET> qui joue le même rôle, mais ne contient rien d'autre que des définitions de découpage. Voici les attributs qu'on peut rencontrer dans ce conteneur :

- ROWS=. Découpage du frameset, en bandes horizontales. C'est une liste de valeurs exprimées en pixels ou en pourcentages (alors suivies par le caractère %). A l'exception de la première, les valeurs peut être exprimées par un astérisque (*), ce qui signifie "ce qui reste" ou, s'il y en a *n*, "ce qui reste" divisé par *n*).

Heure 8 : Images réactives, compteurs d'accès, formulaires et frames

Figure 8.9 : Ecran divisé en deux parties par des cadres.

- COLS=. Découpage du frameset, en bandes verticales. Les valeurs utilisées sont exprimées comme pour ROWS.

En utilisant conjointement ROWS et COLS dans un même conteneur, on réalise un découpage dans les deux directions, ce qui, en général, n'est pas heureux sur le plan esthétique, comme le prouve la Figure 8.10.

Figure 8.10 : Un tel découpage est trop géométrique et peu esthétique.

155

Imbrication de conteneurs <FRAMESET>

On peut imbriquer autant de conteneurs <FRAMESET> ....
</FRAMESET> qu'on le souhaite. Généralement, on ne dépasse pas
une profondeur de 2, pour des raisons de simple bon sens et de
dimension des cadres. Voici, par exemple, le document HTML à
écrire pour obtenir le découpage illustré par la Figure 8.11 :

```
<HTML>
<HEAD>
<TITLE>Un &eacute;cran divis&eacute; en trois zones</TITLE>
</HEAD>
<FRAMESET COLS="25%,*">
  <FRAME SRC="menu.htm" NAME="menu">
  <FRAMESET ROWS="80%,*">
    <FRAME SRC="accueil.htm" NAME="fenetre">
    <FRAME SRC="pub.htm" NAME="pub" NORESIZE SCROLLING=NO>
  </FRAMESET>
</FRAMESET>
</HTML>
```

Figure 8.11 : Ecran divisé en trois zones.

Le marqueur *<FRAME>*

Voici les attributs que l'on peut rencontrer dans le conteneur <FRAME> :

- SRC=. Précise le nom du document HTML à charger.
- NAME=. Donne un nom au cadre correspondant. Ce nom est indispensable pour dire dans quel cadre doit être chargé tout nouveau document désigné par un appel de lien.
- SCROLLING=. Autorise ou non l'utilisateur à faire défiler le contenu de la fenêtre (valeurs possibles : NO, YES ou AUTO).
- NORESIZE. Interdit à l'utilisateur de modifier la dimension du cadre.
- MARGINHEIGHT= et MARGINWIDTH=. Permettent de spécifier la marge autour d'un cadre.

On rencontre aussi l'orthographe <FRAMES>. Les navigateurs qui reconnaissent les cadres se montrent généralement peu pointilleux sur cette question d'orthographe.

Dans l'exemple précédent, on pourra remarquer l'utilisation des attributs NORESIZE et SCROLLING=NO interdisant au visiteur de faire disparaître le bandeau publicitaire.

Le conteneur *<NOFRAMES>*

Les navigateurs qui ne savent pas interpréter le conteneur <FRAMESET> ... </FRAMESET> se contenteront d'afficher une page blanche. Pour éviter cette désagréable impression, il est possible de spécifier un texte HTML en "version normale", grâce auquel l'utilisateur pourra néanmoins voir quelque chose. En voici un exemple :

```
<HTML>
<HEAD>
<TITLE>Un &eacute;cran divis&eacute; en trois zones</TITLE>
</HEAD>
```

```
<FRAMESET COLS="25%,*">
  <FRAME SRC="menu.htm" NAME="menu">
  <FRAMESET ROWS="80%,*">
    <FRAME SRC="accueil.htm" NAME="fenetre">
    <FRAME SRC="pub.htm" NAME="pub" NORESIZE SCROLLING=NO>
  </FRAMESET>
</FRAMESET>
<NOFRAMES>
<H2>D&eacute;sol&eacute;, mais pour voir cette
    pr&eacute;sentation, vous devez utiliser un browser
    supportant les frames
</H2>
</NOFRAMES>
</HTML>
```

En réalité, ça ne va pas très loin car, si vous vouliez réellement que l'ensemble de votre présentation puisse être vue avec les navigateurs ignorant les frames, vous devriez tout écrire en double en prévoyant des systèmes de navigation totalement différents pour chacun des deux cas. Ce serait à la rigueur faisable initialement, mais la mise à jour d'un tel système tournerait très vite au cauchemar et, la plupart du temps, une des deux formes serait en retard sur l'autre. C'est pourquoi mieux vaut se contenter d'exprimer des regrets polis.

Chargement d'un fichier à l'intérieur d'un cadre

Dans une présentation Web à base de cadres, vous devez indiquer pour chaque appel de lien le cadre de destination du fichier à charger. C'est l'attribut TARGET= qui doit être utilisé à cette fin, comme le montre la commande suivante :

```
<A HREF="montruc.htm" TARGET="fenetre">Mes astuces"</A>
```

Lorsque le visiteur cliquera sur "Mes astuces", le document HTML montruc.htm ira se charger dans la fenêtre appelée fenetre qui a été définie dans notre dernier exemple.

Heure 8 : Images réactives, compteurs d'accès, formulaires et frames

L'attribut TARGET peut prendre quatre valeurs particulières réservées spécifiant une destination particulière où sera chargé le document HTML appelé :

- _blank : dans une nouvelle fenêtre créée pour la circonstance.
- _self : dans la fenêtre de l'appel de lien.
- _parent : dans la fenêtre mère de la fenêtre actuelle ou dans celle d'appel s'il n'existe pas de niveau supérieur.
- _top : dans la totalité de l'espace disponible dans la fenêtre du navigateur.

Heure 9

Exemple complet d'une présentation Web

Au cours de cette heure, nous allons illustrer les notions générales concernant la conception et l'écriture que nous avons exposées au cours des précédentes heures avec la construction d'une page consacrée à une association 1901 de collectionneurs de motos anciennes : l'Amicale des Motos Gnome & Rhône (AMGR). Pour cela, nous avons reconstruit une présentation simplifiée, mais cette association existe réellement et sa véritable présentation peut être consultée à l'URL **http://www.mygale.org/10/amgr/amgr.htm**.

CHOIX DES OPTIONS GÉNÉRALES

L'un des principaux soucis des associations sans but lucratif est de se faire connaître, d'abord pour une question de notoriété, ensuite et surtout, pour recruter des adhérents. Question de représentativité et souci de faire du prosélytisme : on aime bien faire

Créer votre page Web

partager sa passion. Comme ces associations ne disposent que d'un maigre budget, pas question de s'adresser à des professionnels de la communication. Ce faisant, elles acceptent implicitement de sacrifier la qualité globale de la mise en pages et des graphismes.

L'hébergement

Il peut paraître singulier de commencer par cette préoccupation qui vient d'habitude en dernier. Pourtant, dans notre cas, il est primordial. Faute de trouver un hébergement gratuit, nous aurions été contraints de renoncer. Les bons présidents d'association pensent généralement que les cotisations des membres doivent être utilisées en priorité pour leur fournir des services et non pour réaliser une communication dispendieuse, qu'elle se fasse sous forme de bulletins imprimés sur papier glacé ou de présentation Web.

Comme l'indique son URL, nous avons choisi Mygale pour héberger cette présentation. Initialement, les 5 Mo proposés gratuitement nous avaient paru bien suffisants. Au fur et à mesure des mises à jour, ils se sont révélés trop juste mais, heureusement, depuis quelque temps ils ont été portés à 10. De toute façon, il est primordial d'éviter des images de grande dimension. Quant aux animations ou fichiers audio (poum ! poum !), mieux vaut n'y pas penser. Nous verrons au cours de la onzième heure que le choix d'un site d'hébergement gratuit n'est pas aussi ardu qu'on pourrait le craindre.

Les sujets à aborder

Pour toute association 1901, on peut retenir les quelques objectifs généraux suivants, auxquels viendront s'ajouter, dans le cadre de la nôtre, quelques points plus spécifiques :

- objectifs de l'association,
- historique,

Heure 9 : Exemple complet d'une présentation Web

- statuts,
- activités,
- adhésion,
- petites annonces,
- page de liens vers d'autres associations poursuivant des buts analogues.

La restauration des motos anciennes suppose le remplacement de certaines pièces dites "d'usure" : caoutchoucs, décorations, engrenages... qu'on ne trouve évidemment plus dans le commerce. L'AMGR propose donc à ses adhérents non seulement des pièces détachées refabriquées, mais aussi de la documentation technique. De plus, elle organise diverses manifestations : expositions, rassemblements, rallyes... Enfin, elle diffuse cinq bulletins par an. Tout cela nous amène à compléter ainsi les rubriques de notre présentation :

- documentation,
- refabrications,
- calendrier des manifestations,
- le bulletin.

Les documents dont on dispose

L'AMGR possède une riche documentation historique et technique et de nombreux documents photographiques et dessins. Mais naturellement, rien de tout cela n'existe sous forme informatique. Il va donc falloir utiliser un scanner pour numériser les images et le texte et ensuite, un système d'OCR (reconnaissance de caractères) pour transcrire les documents techniques. La baisse de prix des scanners à plat au format A4 les amène, en 1998, à des prix compris entre 1 000 et 2 000 F TTC, sans perte appréciable de qualité.

Créer votre page Web

Structure générale de la présentation

Une fois ces éléments définis, on voit que nous sommes en face d'une arborescence simple puisque chacune des rubriques que nous avons définies est indépendante des autres. Pour l'instant, nous pensons qu'un seul document HTML par rubrique devrait être suffisant. A partir de la page d'accueil, on peut alors imaginer un menu de liens conduisant vers chacune des pages. Au bas de chaque page, un renvoi vers la page d'accueil permettra ensuite au visiteur de repartir dans une autre rubrique de son choix. C'est l'organisation illustrée par la Figure 2.3 de la deuxième heure.

PREMIÈRE ESQUISSE

Avant d'aller plus loin, nous allons nous emparer de notre éditeur HTML (revenir, au besoin, à la quatrième heure) et aligner quelques commandes, histoire d'avoir un avant-goût du résultat. Inutile d'aller plus loin que la page d'accueil pour le moment. Nous créerons plus tard les appels de liens nécessaires pour visiter les rubriques proposées.

La page d'accueil

En quelque dix minutes, nous obtenons un fichier que nous appellerons AMGR1.HTM qui, chargé dans un navigateur nous présente ce que montre la Figure 9.1.

Objectivement, il y a pas mal de critiques à formuler :

- C'est peu engageant : la présentation de l'association est terne, le style est plat et l'ensemble est trop succinct.

- Cette page manque totalement de personnalité.

- Les rubriques sont présentées dans le désordre.

- Il y a une faute de frappe (*refacrications*).

Heure 9 : Exemple complet d'une présentation Web

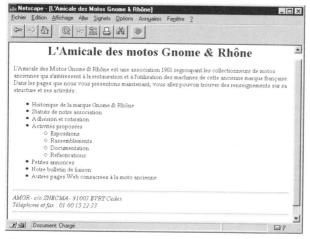

Figure 9.1 : Le premier essai.

Premières améliorations

Nous allons nous efforcer de mettre un peu d'ordre dans nos rubriques, en même temps que nous améliorerons la présentation du texte au moyen d'images. Tout groupement, commercial ou non, a un logo qui constitue sa personnalité. L'AMGR n'y échappe pas et utilise à cette fin la reproduction d'un document publicitaire datant des années 30 (voir Figure 9.2). Grâce à un scanner, nous allons le numériser dans un format réduit (190 × 280, soit 27 Ko) pour que le temps de chargement ne soit pas trop long. Ensuite, avec un logiciel de dessin tel que PaintBrush , Paint Shop Pro ou autre, nous en tirerons une silhouette (voir Figure 9.3) qui sera repeinte en gris léger pour ne pas masquer le texte affiché et qui nous servira à faire des fonds de page par effet de mosaïque. L'arrière-plan de cette image GIF sera défini comme étant transparent.

Figure 9.2 : Le logo de l'AMGR.

Figure 9.3 : Silhouette qui servira à créer des fonds de page.

En outre, nous allons utiliser deux icônes d'environ 30 × 30 pixels pour symboliser téléphone et fax et nous effectuerons de menues corrections stylistiques. Sans recherche particulière dans la mise en pages, nous aboutissons alors à ce que montre la Figure 9.4.

Autres améliorations

Un premier constat s'impose : notre logo est bien trop grand par rapport au texte puisque la page d'accueil dépasse nettement la taille d'un écran (le format affiché est de 632 × 585 pixels). Il faut éviter que le lecteur ait à faire défiler la page d'accueil pour en percevoir l'essentiel. Nous allons donc tenter de placer le logo et le texte côte à côte. Nous obtenons alors ce que montre la Figure 9.5.

Heure 9 : Exemple complet d'une présentation Web

Figure 9.4 : Premières améliorations de la page d'accueil de l'AMGR.

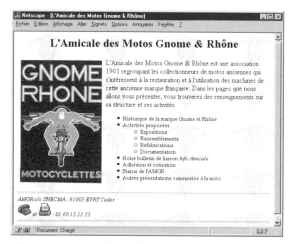

Figure 9.5 : La page d'accueil se présente mieux ainsi.

Créer votre page Web

Cette fois, l'ensemble est plus harmonieux et surtout plus réduit. Nous avons utilisé une police de corps 4 (en unités HTML) pour afficher le court texte de présentation afin qu'il ressorte mieux. L'utilisation d'un conteneur <TABLE> nous a permis de placer côte à côte le logo et tout le texte comme on peut le voir dans le listing ci-après :

```
<HTML>
<HEAD>
<TITLE>L'Amicale des Motos Gnome &amp; Rh&ocirc;ne</TITLE>
</HEAD>

<BODY BACKGROUND="amgr.jpg" BGCOLOR="white">
<DIV ALIGN=CENTER>
<H1>L'Amicale des Motos Gnome &amp; Rh&ocirc;ne</H1>
</DIV>

<TABLE ALIGN="CENTER">
<TR>
<TD>
 <IMG SRC="logo.gif" WIDTH="190" HEIGHT="280" ALT="Logo de
 l'AMGR">
</TD>
<TD>
 <FONT SIZE=4>
L'Amicale des Motos Gnome &amp; Rh&ocirc;ne est une association
1901 regroupant les collectionneurs de motos anciennes qui
s'intéressent à la  restauration et à l'utilisation des
machines de  cette ancienne marque française. Dans les pages
que nous allons vous présenter, vous trouverez des
renseignements sur sa structure et ses activités.
</FONT>
 <UL>
  <LI>Historique de la marque Gnome et Rh&ocirc;ne
  <LI>Activit&eacute;s propos&eacute;es
   <UL>
    <LI>Expositions
    <LI>Rassemblements
    <LI>Refabrications
    <LI>Documentation
   </UL>
  <LI>Notre bulletin de liaison <I>Info Amicale</I>
  <LI>Adh&eacute;sion et cotisation
  <LI>Status de l'AMGR
```

Heure 9 : Exemple complet d'une présentation Web

```
<LI>Autres pr&eacute;sentations consacr&eacute;es &agrave;
la moto
</UL>
</TD>
</TR>
</TABLE>

<HR SIZE="3" ALIGN="center" >

<ADDRESS>
AMGR c/o SNECMA - 91003  EVRY Cedex
<BR>
<IMG SRC="phone.gif" WIDTH="32" HEIGHT="28" ALT="Téléphone"> et
<IMG SRC="fax.gif" WIDTH="30" HEIGHT="31" ALT="Télécopie"> :
   01 60 15 22 33
</ADDRESS>

<HR SIZE="3" ALIGN="center">

</BODY>
</HTML>
```

L'indication des dimensions des images à charger permet un affichage de la page plus rapide, car le navigateur connaît à l'avance l'espace à ménager dans la fenêtre et peut afficher le texte tout en continuant de charger les images. La plupart des bons éditeurs HTML insèrent automatiquement ces indications.

Vous remarquerez que nous avons scrupuleusement utilisé l'option ALT= dans les marqueurs d'image afin que les visiteurs ayant désactivé le chargement des images aient néanmoins une idée de ce qu'ils ont manqué.

Doit-on aller plus loin ?

Si cette présentation a le mérite de la clarté, il faut bien reconnaître que sur le plan graphique, elle manque nettement d'allure. Nous pourrions certainement l'améliorer en demandant à certains des membres de l'Association, connus pour leurs talents de dessinateur, de nous proposer une maquette plus esthétique. Mais est-ce bien nécessaire ? Nous ne concourons pas pour les Webs d'Or

Créer votre page Web

et le public que nous cherchons à atteindre est davantage sensible au contenu de nos pages qu'à leur présentation, tant qu'elle reste claire.

> *N'oubliez pas que le contenu doit prendre le pas sur le contenant. Dans une présentation à vocation utilitaire (la présentation d'une association qui ne poursuit pas de buts artistiques), il y a un juste équilibre à trouver entre l'attrait de la page et l'intérêt des informations qu'elle propose.*

C'est pourquoi, nous choisissons d'en rester presque là pour cette page d'accueil. La seule amélioration que nous apporterons sera l'utilisation d'un fond coloré de teinte assez légère à l'aide de l'attribut BGCOLOR=. Comme ce livre est imprimé en noir et blanc, il est inutile d'afficher le résultat obtenu.

AUTRE VERSION

Utiliser ou non des frames, nous avons vu à la huitième heure que la réponse n'était pas si simple. Si on pense que les visiteurs qu'on souhaite attirer utilisent des navigateurs récents, on peut s'y risquer. La Figure 9.6 montre une autre version de la même page d'accueil dans laquelle le volet de gauche contient un menu qui a été formé avec des éléments graphiques. Pourquoi une telle complication apparente alors que ce menu se présente comme du texte ? Pour deux raisons : d'abord parce que ce qui s'affiche ainsi ne dépend pas des polices réellement installées dans la machine du visiteur ; ensuite, parce que l'utilisation d'une police étroite nous permet de laisser davantage de place pour la fenêtre de droite qui contient les informations utiles.

Voici les listings des trois fichiers nécessaires pour composer cette page d'accueil :

- Le fichier de définition du frameset, AMGRNEW.HTM, qui contient un court texte explicatif à l'usage des visiteurs dont le navigateur ne supporte pas les frames.

Heure 9 : Exemple complet d'une présentation Web

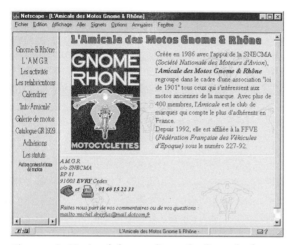

Figure 9.6 : Version de la page d'accueil utilisant des frames.

- Le fichier de navigation, NAVIGA.HTM, qui contient les appels de liens nécessaires pour atteindre les différentes rubriques proposées.

- Le fichier de présentation générale, PRESENTA.HTM, qui contient le court texte de présentation de la page d'accueil proprement dite.

AMGRNEW.HTM
```
<HTML>
<HEAD>
<TITLE>L'Amicale des Motos Gnome &amp; Rh&ocirc;ne</TITLE>

<script language="JavaScript">
var texte="L'Amicale des Motos Gnome & Rh&ocirc;ne -
T&eacute;l&eacute;phone et FAX : 01 60 15 22 33";
var lentxt=texte.length;
var longueur=100;
var pos=1-longueur;

function scroll()
{ pos++;
  var defile="";
```

Créer votre page Web

```
  if (pos==lentxt)
  { pos=1-longueur;
  }
  if (pos<0)
  { for (var i=1; i<=Math.abs(pos); i++)
     defile=defile+" ";
    defile=defile+texte.substring(0,longueur-i+1);
  }
  else
    defile=defile+texte.substring(pos,longueur+pos);
  window.status = defile;
  setTimeout("scroll()", 100);
}
</script>

</HEAD>

<BODY BACKGROUND="gnomq.gif" BGCOLOR="#EEDD99"
BGPROPERTIES=FIXED
                  onLoad="scroll(); return true; ">
<TABLE BORDER=1>
<CAPTION VALIGN=top>
   <IMG SRC="amgr_tit.gif"
        ALT="L'Amicale des motos Gnome & Rh&ocirc;ne">
</CAPTION>
<TR><TD VALIGN=top WIDTH=20> </TD>
   <TD><IMG SRC="logo_gra.gif" ALT="Logo AMGR" ALIGN=left></TD>
   <TD WIDTH=40> </TD>
   <TD WIDTH=340>
   <FONT SIZE="+1">
Cr&eacute;&eacute;e en 1986 avec l'appui de la SNECMA
(<I>Soci&eacute;t&eacute; Nationale d'Etude et de Construction
des Moteurs
d'Avion</I>), l'<B><I>Amicale   des Motos Gnome &amp;
Rh&ocirc;ne</I></B>
regroupe dans le cadre d'une association  &quot;loi de
1901&quot; tous
ceux qui s'int&eacute;ressent aux motos anciennes de la marque.
Avec plus
de 400 membres, l'<I>Amicale</I> est le club de marques qui
compte le plus
d'adh&eacute;rents en France.
<BR>
Depuis 1992, elle est affili&eacute;e &agrave; la FFVE
(<I>F&eacute;d&eacute;ration Fran&ccedil;aise des
```

Heure 9 : Exemple complet d'une présentation Web

```
V&eacute;hicules
d'Epoque)</I> sous le num&eacute;ro 227-92.
</FONT>
</TD></TR>
</TABLE>

<HR>
<ADDRESS>
A.M.G.R.  <BR>c/o SNECMA<BR>BP 81<BR>91003   <B>EVRY</B>
Cedex<BR>
<IMG SRC="phone.gif" ALIGN=middle
ALT="T&eacute;l&eacute;phone">
et
<IMG SRC="fax.gif" ALT="Fax" ALIGN=middle> :
<B>01 60 15 22 33</B>
<P>
Faites nous part de vos commentaires ou de vos questions :
<A HREF="mailto:michel.dreyfus@xxxxxx.fr">
mailto:michel.dreyfus@xxxxxx.fr</A>
</ADDRESS>
<HR>
<I><FONT SIZE="-1" COLOR="#DD0000">
Derni&egrave;re mise &agrave; jour le 2 juin 1998</FONT></I>
<BR>
</BODY>
</HTML>
```

Dans le conteneur <NOFRAMES> se trouve le texte qui sera affiché pour prévenir les utilisateurs dont le navigateur ne reconnaît pas les frames. La Figure 9.7 montre ce qu'on obtient en utilisant la dernière version de Mosaic pour Windows (datant de fin mars 1996). Au passage, vous noterez que le conteneur <FONT> n'est pas, lui non plus, reconnu.

NAVIGA.HTM
```
<HTML>
<HEAD>
<TITLE>L'Amicale des Motos Gnome & Rh&ocirc;ne</TITLE>
</HEAD>
<BODY BGCOLOR="#55EECC" BACKGROUND="amgr_4.gif">
<BASE TARGET="presenta">
<A HREF="vide.htm"> <IMG SRC="y_vide.gif" ALT=" " border=0></A>
<A HREF="histo1.htm"> <IMG SRC="y_gr.gif"
   ALT="Gnome & Rh&ocirc;ne" border=0></A>
```

Créer votre page Web

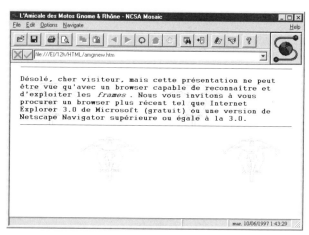

Figure 9.7 : Ceux dont le navigateur ne reconnaît pas les frames ne verront que ce message.

```
<A HREF="histo2.htm"> <IMG SRC="y_amgr.gif" ALT="L'AMGR"
  border=0></A>
<A HREF="services.htm"> <IMG SRC="y_activi.gif"
  ALT="Les activit&eacute;s" border=0></A>
<A HREF="refabri.htm"> <IMG SRC="y_refab.gif"
  ALT="Refabrications" border=0></A>
<A HREF="manifs.htm"> <IMG SRC="y_calend.gif"
  ALT="Calendrier" border=0></A>
<A HREF="bulletis.htm"> <IMG SRC="y_infoam.gif"
  ALT="Info-Amicale" border=0></A>
<A HREF="galeria.htm"> <IMG SRC="y_galeri.gif"
  ALT="Galerie de motos" border=0></A>
<A HREF="cata1929.htm"> <IMG SRC="y_cata.gif"
  ALT="Catalogue GR 1929" border=0></A>
<A HREF="adhesion.htm"> <IMG SRC="y_adhes.gif"
  ALT="Adh&eacute;sion" border=0></A>
<A HREF="statuts.htm"> <IMG SRC="y_statut.gif"
  ALT="Les statuts" border=0></A>
<A HREF="liens.htm"> <IMG SRC="y_liens.gif"
  ALT="Autres pr&eacute;sentations" border=0></A>
</BODY>
</HTML>
```

Heure 9 : Exemple complet d'une présentation Web

Ici, l'emploi de l'attribut ALT est nécessaire car, sans cela, les visiteurs ayant désactivé le chargement des images, n'auront absolument aucun moyen de naviguer. Même ainsi, ce qui sera affiché (voir Figure 9.8) ne sera pas très présentable en raison de la place occupée par le texte de remplacement. Le fichier Y_VIDE.GIF sert à décaler l'affichage vers le bas pour mieux centrer l'ensemble des entrées de menu.

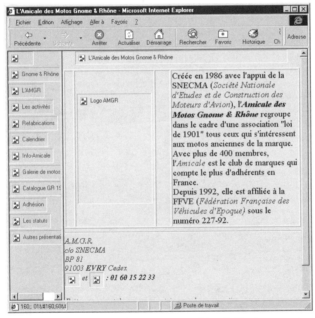

Figure 9.8 : Ce que verra le visiteur ayant désactivé le chargement des images.

PRESENTA.HTM
```
<HTML>
<HEAD>
<TITLE>L'Amicale des Motos Gnome &amp; Rh&ocirc;ne</TITLE>

<script language="JavaScript">
```

Créer votre page Web

```
var texte="L'Amicale des Motos Gnome & Rh&ocirc;ne - 
T&eacute;l&eacute;phone et FAX :: 
01 60 15 22 33";
var lentxt=texte.length;
var longueur=100;
var pos=1-longueur;

function scroll()
{ pos++;
  var defile="";
  if (pos==lentxt)
  { pos=1-longueur;
  }
  if (pos<0)
  { for (var i=1; i<=Math.abs(pos); i++)
      defile=defile+" ";
    defile=defile+texte.substring(0,longueur-i+1);
  }
  else
    defile=defile+texte.substring(pos,longueur+pos);
  window.status = defile;
  setTimeout("scroll()", 100);
}
</script>
</HEAD>

<BODY BACKGROUND="gnomq.gif" BGCOLOR="#EEDD99" BGPROPERTIES=
                 FIXED onLoad="scroll(); return true; ">
<TABLE BORDER=1>
 <CAPTION VALIGN=top>
  <IMG SRC="amgr_tit.gif" ALT="L'Amicale des Motos Gnome &
Rh&ocirc;ne" WIDTH=445 HEIGHT=28>
 </CAPTION>
 <TR>
  <TD VALIGN=top WIDTH=20>
     
  </TD>
  <TD>
   <IMG SRC="logo_gra.gif" ALT="Logo AMGR" ALIGN=left WIDTH=158
HEIGHT=230></TD>
  <TD WIDTH=40>
     
  </TD>
  <TD WIDTH=340>
  <FONT SIZE="+1">
  Cr&eacute;&eacute;e en 1986 avec l'appui de la SNECMA
```

Heure 9 : Exemple complet d'une présentation Web

```
(<I>Soci&eacute;t&eacute; Nationale d'Etudes et de Construc-
tion
   des Moteurs d'Avion</I>), l'<B><I>Amicale des Motos Gnome
&amp;
   Rh&ocirc;ne </I></B> regroupe dans le cadre d'une association
   &quot;loi de 1901&quot; tous ceux qui s'int&eacute;ressent
   aux motos anciennes de la marque. Avec plus de 400 membres,
   l'<I>Amicale</I> est le club de marques qui compte le plus
   d'adh&eacute;rents en France.
   <BR>
   Depuis 1992, elle est affili&eacute;e &agrave; la FFVE
   (<I>F&eacute;d&eacute;ration Fran&ccedil;aise des
   V&eacute;hicules d'Epoque)</I> sous le num&eacute;ro 227-92.
   </FONT>
  </TD>
 </TR>
</TABLE>

<HR>
<ADDRESS>
  A.M.G.R.
  <BR>c/o SNECMA
  <BR>BP 81
  <BR>91003   <B>EVRY</B> Cedex
  <BR>
  <IMG SRC="phone.gif" ALIGN=middle ALT="Tph." WIDTH=32
  HEIGHT=28> et
  <IMG SRC="fax.gif" ALIGN=middle ALT="Fax" WIDTH=30
  HEIGHT=31> : <B>01 60 15 22 33</B>
  <P>
  Faites nous part de vos commentaires ou de vos
  questions :
   <A REF="mailto:michel.dreyfus@xxxxxx.fr">
         mailto:michel.dreyfus@xxxxxx.fr
    </A>
</ADDRESS>
<HR>
<I><FONT SIZE="-1" COLOR="#DD0000">
  Derni&egrave;re mise &agrave; jour le 2 juin 1998
 </FONT></I>
<BR>
</BODY>
</HTML>
```

Créer votre page Web

La Figure 9.9, obtenue en donnant à l'attribut BORDER de <TABLE> la valeur 1, montre comment on utilise deux cellules vides supplémentaires pour obtenir un meilleur cadrage du texte et du logo.

Figure 9.9 : Des cellules vides dans un tableau peuvent améliorer la mise en pages.

En tête du fichier se trouve un script JavaScript qui fait défiler l'adresse de l'AMGR dans la barre d'état, en bas de la fenêtre. C'est un des grands classiques qu'on rencontre un peu partout et qui n'a même pas le mérite de l'originalité. En bas de la page, figure la date de dernière mise à jour qui permet aux visiteurs de juger de la fraîcheur des informations présentées.

Heure 9 : Exemple complet d'une présentation Web

Pour bien profiter d'une présentation utilisant des cadres, le visiteur doit pouvoir afficher un écran d'au moins 800 × 600 pixels. Une taille inférieure nécessitera l'usage intensif des barres de défilement, ce qui n'est jamais agréable.

UNE AUTRE PAGE

La page intitulée "Galerie de motos" présente le menu reproduit sur la Figure 9.10 et dans lequel le visiteur peut choisir d'afficher une image parmi les douze qui lui sont proposées. C'est ici un cas particulier, car on a affaire à un sous-menu qui doit être géré localement, sans disposer d'une structure de cadres. Une flèche de remontée doit donc exister dans chacune des douze pages possibles, flèche renvoyant au menu de la "galerie". Le visiteur qui veut en sortir a toujours le choix de cliquer directement sur le menu du volet de gauche. La Figure 9.11 montre un exemple d'une de ces vues.

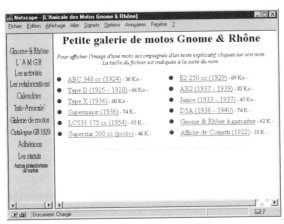

Figure 9.10 : Un menu de liens de type classique permet de voir individuellement chacune des douze images proposées.

Créer votre page Web

Figure 9.11 : Chacune des douze vues possède une flèche de remontée vers la liste des vues.

Ici encore, on voit que l'utilisation d'un conteneur <TABLE> sans bordure facilite la mise en pages.

Heure 10

Scripts, feuilles de styles et HTML dynamique

A l'exclusion des formulaires, les documents HTML que nous avons étudiés jusqu'ici ne comportaient que des composants passifs ne pouvant qu'être affichés ou reproduits (s'il s'agit de fichiers multimédias). Si cela limite un peu leur puissance (mais que faut-il exactement entendre par ce mot ?), en revanche, cela leur confère une grande sécurité. D'abord, on sait ce qui parvient à sa machine et, ensuite, aucune action dangereuse ne peut être effectuée à l'insu de l'utilisateur. Même un virus ne peut pas pénétrer de cette façon sauf lors d'un transfert de fichier, bien sûr. Mais là, on retombe dans les dangers bien connus auxquels on s'expose quand on va à la pêche aux fichiers dans des endroits mal fréquentés.

Afin de donner quelques moyens d'action aux documents HTML chargés, Sun Microsystems, le constructeur de stations de travail bien connu, a créé un langage qu'il a appelé Java. De son côté,

Créer votre page Web

Netscape a proposé JavaScript, moins ambitieux. Enfin, Microsoft, pour ne pas être en reste, a réalisé ActiveX.

D'un autre côté, le W3C, instance officielle ayant en charge le suivi du langage HTML, a publié les spécifications préliminaires de HTML 4.0 dans lesquelles on trouve beaucoup de nouveautés et, en particulier les *feuilles de style*. Un groupe de travail a été créé pour définir un *HTML dynamique* à propos duquel, chacun de leur côté, Netscape et Microsoft ont déjà réalisé des débuts d'implémentation divergentes dans leurs navigateurs respectifs.

Chacun de ces cinq thèmes demanderait un livre deux fois plus épais (si ce n'est davantage) que celui que vous avez entre les mains pour être traité à fond. On ne s'étonnera donc pas que nous ne fassions ici qu'effleurer le sujet, renvoyant le lecteur intéressé à la bibliographie de la douzième heure.

JAVA

Le logo de Java est une tasse de café fumante car, pour les Américains, Java est un terme familier qui désigne le café. Le café américain, bien sûr, ce qu'on appelle chez nous du *jus de chaussette*.

Bref historique

Java est né au début des années 90 d'une idée de Sun Microsystems qui voulait créer un langage de commande d'appareillages électroniques grand public. Puis vint le Web et le développement que l'on sait. Voulant sa part du gâteau, Sun eût l'idée d'adapter ce langage qui avait tourné court pour animer (au sens large) les documents HTML statiques échangés entre serveurs et clients. La première réalisation fut incorporée à HotJava, navigateur destiné aux machines Sun. On sait qu'en informatique, encore plus qu'en d'autres domaines, "tout nouveau, tout beau". Il y avait bien longtemps (moins de cinq ans ?) qu'on n'avait pas assisté à l'éclosion d'un nouveau langage. Ce fut donc l'enthousiasme.

Heure 10 : Scripts, feuilles de styles et HTML dynamique

Aidé par un marketing sans défaut, la popularité de ce langage devint universelle et lorsque des esprits pondérés firent remarquer les nombreuses failles de sécurité qu'il présentait (qui permettaient, entre autres, de manipuler le contenu du disque dur de l'utilisateur) et sa grande lenteur d'exécution, ils eurent quelque mal à se faire entendre. Si, depuis, la sécurité en a été renforcé, la vitesse (lisez "la lenteur") d'exécution n'a pas substantiellement progressé.

Caractéristiques du langage

La structure du langage Java s'apparente à celle de C++. Un C++ qui aurait subi l'amputation des pointeurs et des primitives de gestion mémoire, ce qui simplifie un peu son écriture, mais ne le met pas pour autant à la portée du programmeur du dimanche, habitué à "torcher" dix lignes de BASIC pour réaliser ses petites applications.

L'intérêt suscité par Java repose sur une portabilité absolue. Java se présente comme un langage semi-interprété. A partir d'un fichier source, on obtient un code intermédiaire à la suite d'une compilation[1]. C'est ce code qui va être exporté et, par exemple, envoyé au client Web. Tel quel, ce code ne peut pas être exécuté, car il ne correspond à aucun langage de machine. Il doit donc être interprété, ce qui est l'affaire du navigateur. Ce dernier doit donc comporter, en plus de ses mécanismes usuels, une *machine virtuelle Java* qui n'est autre qu'un interpréteur qui va analyser chacune des *méta instructions* du code intermédiaire et exécuter les fonctions qui s'y trouvent décrites. Un peu comme le ferait un vulgaire interpréteur BASIC.

Les programmes écrits en Java s'appellent des applets (rien à voir avec le Macintosh !) et on s'accorde généralement à leur attribuer le sexe féminin.

---

[1] Comme avec le P-code du Pascal.

Créer votre page Web

Incorporation d'applets dans une page Web

Pour cela, les premières implémentations utilisaient un conteneur spécial : <APPLET> ... </APPLET> qui contient des attributs décrivant l'applet à charger. En voici un exemple :

```
<HTML>
<HEAD>
<TITLE>Exemple d'incorporation d'applet Java</TITLE>
</HEAD>
<BODY>
<APPLET CODE=Salut HEIGHT=50 WIDTH=150>
</APPLET>
</BODY>
</HTML>
```

HTML 4.0 a relégué ce conteneur au rang des objets HTML dont l'emploi est maintenant "déconseillé" et propose à sa place le conteneur <OBJECT> ... </OBJECT>, malheureusement encore assez peu implémenté dans les navigateurs.

Les attributs indiquent le nom de l'applet et les dimensions de la fenêtre qu'elle utilisera pour s'afficher dans la fenêtre du navigateur. Il en existe une poignée d'autres. A l'intérieur du conteneur <APPLET>, on va trouver une suite de marqueurs <PARAM> qui, à l'aide de couples d'attributs NAME/VALUE vont permettre de passer des arguments à l'applet.

Exemple d'applet

Nous prendrons la plus simple qui soit, inspirée du traditionnel *Hello, world!* bien connu des adorateurs de K&R[2].

```
import java.applet.*;
import java.awt.*;
public class Salut extends Applet
{ public void paint(Graphics g)
```

---

[2] Kernighan & Ritchie, les immortels auteurs du C !

Heure 10 : Scripts, feuilles de styles et HTML dynamique

```
  { g.drawstring("Salut, les copains !", 20, 10);
  }
}
```

Programmer en Java est tout à fait hors de portée du débutant. Même l'adjonction d'applets toutes prêtes dans une page Web n'est pas chose simple. Aussi n'en dirons-nous pas davantage ici. Cependant, pour que le lecteur puisse se faire une idée de la puissance du langage, nous lui conseillons de pointer son navigateur sur le site Web du château de Versailles, à l'URL **http://www.chateauversailles.fr** et de cliquer sur un des trois liens en bas de la page d'accueil qui proposent un panorama de la cour du château, de la chambre du Roi ou de la Galerie des Glaces. Le temps de chargement est un peu long, mais le résultat vaut la peine de patienter.

En résumé

Pour comprendre et interpréter une applet, le navigateur doit donc disposer d'une machine virtuelle Java. C'est le fait, en particulier, de Netscape Navigator et de Internet Explorer en plus de HotJava de Sun. Néanmoins, nous avons déjà signalé à plusieurs reprises que beaucoup de surfeurs du Web restaient attachés à d'antiques navigateurs dans lesquels ils se sentent à l'aise. Ne comptez pas sur ces logiciels pour comprendre Java. De ce fait, avec Java, vous restreignez de façon importante le nombre de visiteurs qui seront à même de s'émerveiller de ce que font vos applets. Par ailleurs, les navigateurs disposent d'une option de configuration qui permet (pour des raisons de sécurité, par exemple) de désactiver la machine virtuelle Java, option très utilisée par les gens prudents.

JavaScript

JavaScript n'est pas un Java "décaféiné". C'est un petit langage de script, plus ou moins inspiré de Java et réalisé par Netscape.

Créer votre page Web

Un script est un petit programme généralement écrit dans un langage particulier et le plus souvent chargé d'effectuer certaines fonctions système.

Caractéristiques du langage

Ici, nous sommes en présence d'un langage complètement interprété, ce qui le rend compatible avec toutes les machines, à condition que leur navigateur dispose d'un interpréteur JavaScript. Ce n'est pas réellement un langage objet, mais plutôt un langage *teinté d'objet* et dont les ambitions sont limitées. Le tableau suivant résume quelques-unes des caractéristiques comparées de Java et JavaScript :

Java	JavaScript
Créé par Sun Microsystems	Créé par Netscape
Compilé sur le serveur	Interprété sur le client
Fortement orienté objet	Légèrement teinté objet
Notion d'héritage généralisé	Pas d'héritage
Code indépendant du document HTML	Code inclus dans le document HTML
Langage fortement typé	Langage pauvrement typé
Permet d'écrire de véritables applications	Limité à de petits traitements
Moyennement sécurisé	Fortement sécurisé
Compliqué (niveau C++)	Bon enfant (du BASIC à peine évolué)
Exécution peu rapide	Exécution plutôt lente
S'adresse plutôt à des professionnels	Accessible à des amateurs

En ce qui concerne sa syntaxe, bien qu'empruntant un certain nombre d'éléments au langage C, elle reste à un niveau simple. Ni pointeurs, ni points-virgules, ni entrées-sorties, ni gestion de mémoire ; des structures de boucle; deux types de variables :

numériques et chaînes de caractères, qui peuvent facilement être converties entre elles. Un script JavaScript peut facilement accéder à des éléments du document HTML qui l'héberge, car le langage a été conçu pour cohabiter avec le HTML.

Incorporation de scripts dans une page Web

On utilise pour cela le conteneur <SCRIPT> ... </SCRIPT> à l'intérieur duquel vont se trouver, en clair, toutes les instructions du script. Celles-ci peuvent s'exécuter au moment du chargement du document HTML, mais les fonctions contenues dans un script peuvent aussi être appelées dans le cours d'un document HTML. Une des fonctions habituelles des scripts consiste, par exemple, à vérifier les éléments tapés par un utilisateur dans un formulaire et à contrôler leur validité. Si tout est correct, le formulaire est envoyé au serveur. Dans le cas contraire, un message est affiché pour renseigner l'utilisateur et lui indiquer ce qu'il doit corriger. Cette méthode est bien plus légère (elle charge moins l'Internet) que l'ancien procédé qui consistait à appeler un script CGI situé sur le serveur.

Pour cela, un script a la faculté de créer des petites fenêtres auxiliaires destinées à afficher ses messages, afin de ne pas parasiter la mise en pages du document HTML dans lequel il se trouve. Voici un exemple de script très simple, dont la fonction est identique à l'applet que nous avons présentée pour Java :

```
<HEAD>
<SCRIPT LANGUAGE="JavaScript">
<!--
function salut()
{ alert("Salut les copains !")
}
// -->
</SCRIPT>
</HEAD>
```

L'appel de ce script s'effectue en cliquant sur un bouton de formulaire

Créer votre page Web

```
<BODY>
<FORM NAME="form1">
<INPUT TYPE="button" NAME="bout1" VALUE="Salut !"
onClick="salut()">
</FORM>
</BODY>
```

Le résultat est affiché sur la Figure 10.1 La comparaison des deux versions (celle écrite en Java et celle-ci) est éloquente !

Figure 10.1 : "Hello world" en version JavaScript.

Exemple de script JavaScript

En raison de son lien étroit avec le HTML, JavaScript nous paraît être le meilleur moyen d'agrémenter une page Web. Nous allons vous présenter à titre exemple un calendrier semi perpétuel (valable seulement pour la décennie en cours). Lorsque l'utilisateur charge la page Web de ce calendrier, il voit ce que lui présente la Figure 10.2. Après avoir choisi l'année et le mois, il clique sur le bouton Affichez et une petite fenêtre s'ouvre (Figure 10.3), dans laquelle est affiché le calendrier du mois en cours, mis en page de façon exacte. En cliquant sur le bouton Effacez, la petite fenêtre disparaît. Le listing suivant présente le script que nous n'avons malheureusement pas la place de commenter en détail ici.

Heure 10 : Scripts, feuilles de styles et HTML dynamique

```
<HTML>
<HEAD>
<TITLE>Calendrier (semi) perp&eacute;tuel</TITLE>

<SCRIPT LANGUAGE="JavaScript">
<!--
jamais=true
decalage=0
function creer(An, Mois)
{ if (An == -1)
  { cal.close()
    return
  }
  jours = new Array("Lundi", "Mardi", "Mercredi",
                    "Jeudi", "Vendredi", "Samedi", "Dimanche")
  mois = new Array(31, 28, 31, 30, 31, 30, 31, 31, 30, 31,
  30, 31)
  nom_mois = new Array("janvier", "f&eacute;vrier", "mars",
                       "avril", "mai", "juin", "juillet",
                       "ao&ucirc;t", "septembre", "octobre",
                       "novembre", "d&eacute;cembre")
  annee = new Array(0, 1, 2, 4, 5, 6, 0, 2, 3, 4, 5)
  //            90 91 92 93 94 95 96 97 98 99 00

  an_veritable = 1990 + An
  if ((an_veritable % 4 == 0) && (an_veritable % 100 != 0)
       || (an_veritable % 400 == 0)) bissex = 1
                                    else bissex = 0
  correction = Mois > 1 ? bissex : 0
  nb_de_jours = annee[An] + correction

  for (i=0; i<Mois; i++)
   nb_de_jours += mois[i]

  jour_de_la_semaine = nb_de_jours % 7
//-----------------------------------------
  if (jamais) jamais =false
  cal = open("", "ABCD", "height=220,width=450,scrollbars=yes")
  cal.document.write("<TABLE BORDER=1>")
  cal.document.write("<CAPTION><B>" + nom_mois[Mois] + " - " +
                     (An+1990) + "</B></CAPTION>")
  cal.document.write("<TR>")
  for (i=0; i<7; i++)
   cal.document.write("<TH WIDTH=67>" + jours[i] + "</TH>")
  cal.document.write("</TR>")
  for (i=0, debut=1, bascule=false; i<6; i++)
```

Créer votre page Web

```
   { cal.document.write("<TR ALIGN=center>")
     for (j=0; j<7; j++)
     { if (i == 0 && j == jour_de_la_semaine) bascule = true
       if (bascule) cal.document.write("<TD WIDTH=70>" +
           debut++ + "</TD>")
               else cal.document.write("<TD WIDTH=70> 
               </TD>")
       if ((Mois != 1 && debut > mois[Mois]) ||
           (Mois == 1 && debut > mois[Mois] + bissex))
             bascule = false
     }
     cal.document.write("</TR>")
     if (! bascule) break
   }
   cal.document.write("</TABLE><HR>")
   cal.scroll(0, decalage)
   decalage += 300
}
// -->
</SCRIPT>
</HEAD>

<BODY onUnload="window.creer(-1)">
<DIV ALIGN=CENTER><H1>Mon calendrier de la d&eacute;cennie</H1>

<FORM NAME="CAL">
Choisissez l'ann&eacute;e :
<SELECT NAME="an" SIZE=5>
<OPTION VALUE=0> 1990
<OPTION VALUE=1> 1991
<OPTION VALUE=2> 1992
<OPTION VALUE=3> 1993
<OPTION VALUE=4> 1994
<OPTION VALUE=5> 1995
<OPTION VALUE=6> 1996
<OPTION VALUE=7> 1997
<OPTION VALUE=8 SELECTED> 1998
<OPTION VALUE=9> 1999
<OPTION VALUE=10> 2000
</SELECT>
et le mois :
<SELECT NAME="mois" SIZE=5>
<OPTION VALUE=0> janvier
<OPTION VALUE=0> f&eacute;vrier
<OPTION VALUE=0> mars
<OPTION VALUE=0> avril
```

Heure 10 : Scripts, feuilles de styles et HTML dynamique

```
<OPTION VALUE=0> mai
<OPTION VALUE=0 SELECTED> juin
<OPTION VALUE=0> juillet
<OPTION VALUE=0> ao&uuml;t
<OPTION VALUE=0> septembre
<OPTION VALUE=0> octobre
<OPTION VALUE=0> novembre
<OPTION VALUE=0> d&eacute;cembre
</SELECT>
<P>
<INPUT TYPE="button" NAME="choix" VALUE="Affichez"
       onClick="creer(document.CAL.an.selectedIndex,
                     document.CAL.mois.selectedIndex)">
<INPUT TYPE="reset" VALUE="Effacez" NAME="nul"
       onClick="creer(-1)">
</FORM>
</DIV>
</BODY>
</HTML>
```

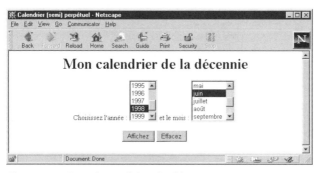

Figure 10.2 : Page d'accueil du calendrier.

Figure 10.3 : Ce que voit l'utilisateur quand il a choisi son année et son mois.

Créer votre page Web

Si ce script s'exécute parfaitement avec Netscape Navigator 4.04, il n'en va pas de même avec Internet Explorer 4.0 qui donne un diagnostic, car il ne reconnaît pas une des commandes (parfaitement licite, cependant). Cet exemple illustre donc bien le danger qu'il peut y avoir à incorporer des scripts dans un document HTML sans les avoir préalablement testés avec les deux navigateurs les plus utilisés du marché.

En résumé

JavaScript est réellement un langage conçu pour le Web puisqu'il ne peut exister en dehors d'un document HTML. Il reste d'un emploi simple et, s'il est loin de la "puissance" de Java, ses possibilités cadrent tout à fait avec le contexte HTML. Comme pour Java, il ne peut cependant pas être compris de tous les navigateurs, certains ne disposant pas de l'interpréteur approprié. Nos deux ténors, Netscape Navigator et Internet Explorer, le comprennent parfaitement, mais avec quelques différences dans l'interprétation de certaines instructions comme l'a montré l'exemple ci-avant.

Sur le plan de la sécurité, JavaScript est beaucoup moins dangereux que Java, tout le mal qu'il puisse faire étant de bloquer la machine sur laquelle il tourne, sans causer de dommages aux fichiers qu'elle abrite. N'étant pas conçu pour faire des calculs, sa lenteur n'est pas vraiment un défaut. Enfin, sa simplicité d'écriture ne requiert pas de grands talents de programmeur, le mettant ainsi plus facilement à la disposition de l'auteur Web que son cousin Java.

ACTIVEX

Il s'agit d'un langage créé par Microsoft qui, apparemment, ne voulait pas être en reste avec Sun. Son principal inconvénient est de n'être réellement supporté que par Internet Explorer. Il existe bien un plug-in pour Netscape, mais, de l'avis des experts, ses fonctionnalités sont approximatives. En outre, même chez Microsoft, ActiveX n'est pleinement utilisable que sous

Heure 10 : Scripts, feuilles de styles et HTML dynamique

Windows 95/98 et Windows NT. Il en existe des implémentations pour le Macintosh et certaines moutures d'UNIX.

ActiveX repose sur l'utilisation de modules "préfabriqués" (les contrôles ActiveX) conjointement à un langage de script. Dans une de ses pages Web relatives à ActiveX, Microsoft donne l'exemple suivant, utilisant le contrôle ActiveX IEPopup conjointement à VBScript qui est un langage basé sur VisualBasic (Microsoft) :

```
[...]
<INPUT TYPE="button" NAME="affiche" VALUE="Affiche Popup Menu"
  ALIGN=LEFT>
<SCRIPT LANGUAGE="VBScript">
Sub Affiche_onClick
call IEPopup.PopUp()
End Sub
Sub IEPopup_Click(ByVal x)
Alert "Vous avez cliqué sur l'élément n°" &x
Call IEPopup.RemoveItem(x)
call IEPopup.AddItem("Elément remplacé !", x)
End Sub
</SCRIPT>
   [...]
```

Ici, le problème de la portabilité ne se pose pas puisqu'on sait que, seul, Internet Explorer est capable d'interpréter Visual Basic et ActiveX.

LES FEUILLES DE STYLE

Dans un traitement de texte, une feuille de style permet de définir un certain type de mise en pages propre à telle ou telle catégorie de document (courrier, curriculum vitae, facture, note technique...). La feuille de style est sauvegardée en même temps que le document, si bien que si vous transmettez le fichier d'un document à quelqu'un, il pourra l'imprimer de la même façon que vous même.

HTML a été conçu pour décrire la structure des documents et non pas leur mise en pages. Mais la popularité du Web a fait que HTML a échappé à ses créateurs et a été utilisé à des fins qui n'avaient

Créer votre page Web

pas été prévues. Pour réussir une présentation agréable et variée, les auteurs Web, chacun de leur côté, ont détourné certaines balises de leur usage originel (<TABLE>, par exemple) et les éditeurs de navigateurs ont créé des extensions au langage. Il en est résulté une certaine confusion, une page correcte avec Netscape Navigator devenant laide avec Internet Explorer.

Les feuilles de style constituent la solution proposée par le W3C pour permettre aux auteurs Web de s'exprimer. Sans atteindre la puissance de PostScript ou d'Acrobat, elles permettent de réaliser des mises en pages assez précises et presque parfaitement reproductibles.

Principe des feuilles de style en cascade

Parmi tous les modèles de feuilles de style possibles, le W3C a retenu CSS (*Cascading Style Sheet*). Cette idée de "cascade" traduit le fait que des informations provenant de plusieurs feuilles de style peuvent être réunies et mélangées pour définir la mise en pages qui sera appliquée au document HTML. Des règles précises définissent qui l'emporte en cas de spécifications contradictoires dans la réunion de plusieurs feuilles.

Il y a trois sources possibles de feuilles de style. Elles peuvent être incorporées au document HTML au moyen d'un conteneur <STYLE> ... </STYLE> placé dans la section d'en-tête (<HEAD>). Elles peuvent être contenues dans un document séparé qui aura l'extension .CSS et qui sera chargé par une commande HTML du document à mettre en forme. Enfin, elles peuvent ("pourront" serait peut-être plus exact) être incorporées dans tel ou tel navigateur. Comme si ce n'était pas suffisant, il est toujours possible de modifier ponctuellement un style.

Que contient une feuille de style ?

Une feuille de style est constituée d'une suite de *règles* pouvant s'appliquer à différents niveaux d'un document HTML. Soit à toutes les balises d'un type donné (on peut spécifier, par exemple,

Heure 10 : Scripts, feuilles de styles et HTML dynamique

que toutes ce qui est contenu dans une balise <H3> sera affiché en rouge), soit à une *classe* d'éléments définis à l'aide de l'attribut CLASS=, soit encore uniquement à une certaine balise repérée par un identificateur (attribut ID). Pour fixer les idées, voici un exemple de feuille de style contenue à l'intérieur d'un document HTML :

```
<HTML>
<HEAD>
<TITLE>Feuille dc style simple</TITLE>

<STYLE>
<!--
H2 {font-family: Arial Black;
    color: #FF0000; text-align: center}
I  {color: green; font-family: "courier new"}
-->
</STYLE>
</HEAD>

<BODY>
<H2>Cela est le titre de la page</H2>
Tout mot du texte en <I>italique</I>, sera affich&eacute; en vert, sauf
si on utilise la balise &lt;SPAN&gt; comme ici :
<BR>
La mer
<I><SPAN STYLE="color:blue">
M&eacute;dit&eacute;rann&eacute;e</SPAN></I> est bleue.
<HR>
</BODY>
</HTML>
```

Ici, la feuille de style comporte deux règles. La première indique que les titres <H2> seront centrés et affichés en rouge avec une police Ariane Black. La seconde demande que tous les mots en italique (situés dans un conteneur <I> ... </I>) soient affichés avec une police *Courier New* et en vert. Mais, dans la dernière phrase, on décide que le mot "Méditerranée" sera affiché en bleu et non pas en vert. Le résultat est présenté (couleur en moins) sur la Figure 10.4.

Créer votre page Web

Figure 10.4 : Une feuille de style simple.

Les propriétés d'une feuille de style

Les *propriétés* d'une feuille de style sont comparables aux attributs des balises HTML. Elles s'attachent à différents éléments du document HTML : structure, mise en pages, présentation, etc. Il n'est pas facile d'établir une classification rigoureuse, car certaines propriétés sont à cheval sur plusieurs catégories. Néanmoins, on peut établir un classement approximatif que nous allons brièvement passer en revue.

Les blocs

Tout élément HTML peut être considéré comme placé dans un bloc rectangulaire pouvant être entouré par une bordure. Celle-ci est décomposée en deux zones *margin* (la plus extérieure) et *padding* (la plus proche du bloc lui-même). Ces zones peuvent avoir un fond de couleur différente ou transparent, ce qui permet de créer très facilement des marges dans les quatre directions. Les bordures proprement dites peuvent affecter différentes formes et, en particulier, donner une apparence de creux ou de relief.

La notion de bloc est une extension de ALIGN="left" et ALIGN="right" qui permettaient, utilisées avec la balise <IMG>, d'incruster une image dans du texte. Ici, on peut même incruster du texte dans du texte. ou faire des recouvrements de blocs de texte.

Les images

Si la balise <IMG> a été conservée par HTML 4.0, une nouvelle balise, <OBJECT> généralise le concept. Une image est toujours considérée comme un bloc rectangulaire : de ce côté les feuilles de style n'apporte rien de nouveau. Les images peuvent devenir transparentes (à ne pas confondre avec la notion d'image GIF transparente) et peuvent être superposées au texte. Un arrière-plan en mosaïque n'est plus nécessairement commun à toute une page : on peut en spécifier un différent pour chaque paragraphe, par exemple. L'effet de mosaïque, lui-même, peut être répété horizontalement, verticalement ou (comme d'habitude) dans les deux sens. Les arrière-plans peuvent être fixes ou se déplacer en même temps que le texte.

Enfin, la position d'une image dans une page peut être contrôlée de façon absolue ou relative par un système de coordonnées rectangulaires, ce qui permet une mise en pages précise.

Les couleurs

C'est surtout pour les arrière-plans que l'emploi de la couleur s'assouplit. Les couleurs s'expriment toujours avec les mêmes conventions : soit par une série de noms conventionnels, soit en composantes RGB (rouge, vert, bleu).

Le texte et les polices de caractères

C'est le texte qui est le grand gagnant des feuilles de style, ce qui est normal puisque, dans une page Web, c'est — rappelons-le — le *contenu* qui est le plus important. Le choix de la police de caractères et de son corps est naturellement possible, mais il y a mieux : on peut contrôler l'espacement entre caractères et leur alignement horizontal par rapport à la ligne de base normale. Entre une police "normale" et une police "grasse", il y a maintenant plusieurs degrés d'épaisseur de caractères.

Le clignotement fait son entrée officielle (ce n'est plus seulement une extension Netscape). Il est possible de contrôler l'indentation

Créer votre page Web

positive ou négative d'un paragraphe ou de sa seule première ligne. Enfin, on peut créer facilement des lettrines (initiale du premier mot d'un paragraphe de taille plus grande que le reste du paragraphe).

Les listes

Elles n'ont pas bénéficié de beaucoup d'améliorations. La plus marquante est la possibilité, pour les listes non ordonnées, d'utiliser des images au lieu de la classique puce (rond, disque ou carré).

Autres

La plus grande nouveauté est sans doute la généralisation du positionnement des éléments dans la page et de leur ordre de superposition (ce qui permet de réaliser des effets de masque ou de transparence). Citons aussi la possibilité d'afficher les espaces consécutifs en tenant compte de leur nombre.

Exemple d'application

Nous avons choisi de vous présenter le célèbre poème d'Arthur Rimbaud, *Voyelles*, dans une mise en pages assez simple, mais difficile à obtenir sans l'usage de feuille de style. Sur l'écran, les voyelles colorées le sont effectivement, ce que l'impression en noir et blanc de ce livre ne permet pas de vérifier. Les propriétés du texte ainsi que le positionnement sur l'écran sont intensément exploités. La Figure 10.5 montre le résultat obtenu avec Netscape Navigator qui est conforme aux commandes de la feuille de style. Par contre, Internet Explorer prend avec celle-ci de condamnables libertés, trop de propriétés n'étant toujours pas reconnues (ou mal interprétées).

```
<HTML>
<HEAD>
<TITLE>Voyelles</TITLE>
</HEAD>
<STYLE TYPE="text/css">
#titre {position:absolute; left:15; top:0; width:50px;
        height:350px; font-family: toto, brush, kaufman, "snap
        ITC";
```

Heure 10 : Scripts, feuilles de styles et HTML dynamique

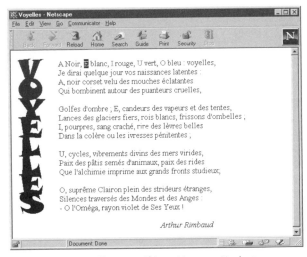

Figure 10.5 : "Voyelles" magnifié par Netscape Navigator 4.03.

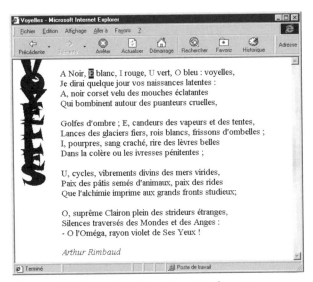

Figure 10.6 : "Voyelles" trahi par Internet Explorer 4.0.

Créer votre page Web

```
        font-size: 48pt; line-height: 50%; text-align:center;}
#texte {position:absolute; left:100; top:20; margin-right:15%;
        font-size:14pt;}
</STYLE>
<BODY>

<SPAN ID="titre">V<BR>O<BR>Y<BR>E<BR>L<BR>L<BR>E<BR>S</SPAN>
<SPAN ID="texte">
A Noir, <SPAN STYLE="background-color: black; color:white">E</
SPAN> blanc, <SPAN STYLE="color:red">I</SPAN> rouge, <SPAN
STYLE="color:green">U</SPAN> vert, <SPAN STYLE="color:blue">O</
SPAN> bleu : voyelles,<BR>
Je dirai quelque jour vos naissances latentes :<BR>
A, noir corset velu des mouches éclatantes<BR>
Qui bombinent autour des puanteurs cruelles,<BR><BR>
Golfes d'ombre ; E, candeurs des vapeurs et des tentes,<BR>
Lances des glaciers fiers, rois blancs, frissons
d'ombelles ;<BR>
I, pourpres, sang craché, rire des lèvres belles<BR>
Dans la colère ou les ivresses pénitentes ;<BR><BR>
U, cycles, vibrements divins des mers virides,<BR>
Paix des pâtis semés d'animaux, paix des rides<BR>
Que l'alchimie imprime aux grands fronts studieux;<BR><BR>
O, suprême Clairon plein des strideurs étranges,<BR>
Silences traversés des Mondes et des Anges :<BR>
- O l'Oméga, rayon violet de Ses Yeux !
<P><SPAN STYLE="text-align:right; margin-right:25%">
<I>Arthur Rimbaud</I></SPAN></P></SPAN>
</BODY>
</HTML>
```

Dans l'état actuel des choses, on voit bien qu'il est encore prématuré d'utiliser des feuilles de style dans une page Web.

HTML DYNAMIQUE

Dynamic HTML a pour but de rendre les pages HTML vivantes, pouvant se modeler selon le désir du visiteur. Si l'idée paraît excellente, sa réalisation ne laisse pas d'inquiéter car, chacun de son côté, Netscape et Microsoft ont plus que jamais joué les frères ennemis et ont choisi une approche différente, naturellement incompatible.

L'approche de Microsoft

Elle a l'avantage de s'appuyer sur un ensemble de recommandations du W3C et ne fait appel à aucune balise nouvelle. Elle met principalement en œuvre JavaScript rebaptisé ici JScript et doté de très nombreuses primitives spécialisées. Une de ses particularités sans doute les plus intéressantes est de permettre de modifier dynamiquement n'importe quelle propriété d'un élément HTML. Ainsi, document.all.min.style.left permet de modifier l'abscisse de l'objet dont l'identificateur est min. Le listing ci-après montre comment on peut ainsi faire tourner deux boules imitant les aiguilles d'une pendule, la plus extérieure (min) avançant d'une fraction de tour à chaque tour de la plus intérieure (sec).

```
<HTML>
<HEAD>
<TITLE>Sommaire</TITLE>
<SCRIPT TYPE="text/javascript">
pi = 3.1416
degrad = pi/180
seconde = 0
minute = 0
s = -1
function pendule()
{ if (seconde == 0)
  { trotte(130, minute)
    document.all.min.style.left = x + 205
    document.all.min.style.top = y + 155
    minute += 6
    s++
  }
  trotte(90, seconde)
  document.all.sec.style.left = x + 220
  document.all.sec.style.top = y + 170
  seconde += 6
  seconde = seconde % 360

  setTimeout("pendule()", 10)
}

function trotte (r, v)
{ x = Math.floor(r * Math.cos((v-90) * degrad))
  y = Math.floor(r * Math.sin((v-90) * degrad))
```

Créer votre page Web

```
}
</SCRIPT>
</HEAD>

<BODY onLoad="pendule()">
<IMG ID=sec SRC="b1.gif" STYLE="position:absolute; top:150;
left:200">
<IMG ID=min SRC="b2.gif" STYLE="position:absolute; top:150;
left:200">

</BODY>
</HTML>
```

Netscape n'ayant pas implémenté ce type d'approche des propriétés d'un élément HTML, la seule chose qu'on obtiendra en tentant de charger cette page sur Netscape Navigator, c'est un diagnostic au niveau du script et l'affichage de deux boules, côte à côte, immobiles.

L'approche de Netscape

Netscape a préféré une approche par couche (les *layers*). Il s'agit d'objets plans possédant un certain nombre de propriétés : dimension, couleur, contenu, visibilité. Ils sont apparus à partir de la version 4.0 de Netscape Navigator. Trois nouvelles balises ont été créées pour gérer ces objets. Sans aller plus avant, nous nous contenterons de présenter le listing ci-après qui permet d'afficher l'écran reproduit sur la Figure 10.7.

```
<HTML>
<HEAD>
<TITLE>Quo non descendam</TITLE>
</HEAD>
<BODY>

<H2>L'ascenseur en panne</H2>
Une fois parvenu au sommet de la tour, je voulus redescendre.
Hélas, l'ascenseur étant en panne, il fallut utiliser l'esca-
lier.
<P>Ah ! que de marches,
<ILAYER LEFT=20% TOP=0><BR>de marches,
 <ILAYER LEFT=10% TOP=0><BR>de marches,
  <ILAYER LEFT=10% TOP=0><BR>de marches,
```

Heure 10 : Scripts, feuilles de styles et HTML dynamique

```
   <ILAYER LEFT=10% TOP=0><BR>de marches,
    <ILAYER LEFT=10% TOP=0><BR>de marches,
     <ILAYER LEFT=10% TOP=0><BR>de marches,
      <ILAYER LEFT=10% TOP=0><BR>de marches...
      </ILAYER>
     </ILAYER>
    </ILAYER>
   </ILAYER>
  </ILAYER>
 </ILAYER>
</ILAYER>

</BODY>
</HTML>
```

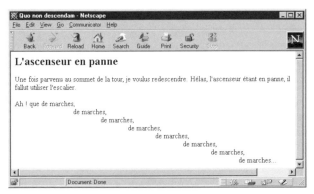

Figure 10.7 : Un long escalier à descendre...

Bien entendu, avec Internet Explorer, les mots "de marches," sont alignés l'un ou dessous de l'autre et l'effet d'escalier disparaît.

Conseils pratiques

Ici encore apparaît l'absence de portabilité actuelle de Dynamic HTML. Si nous avons été si bref dans sa description, c'est pour montrer que cette innovation n'est pas encore mûre et que l'auteur Web qui se respecte et souhaite être vu dans de bonnes conditions par le plus possible de visiteurs doit se garder soigneusement d'en parsemer ses pages. Si, toutefois, on passe outre à cette recommandation, signalons qu'il y a un moyen, grâce à un petit script, de reconnaître si le visiteur utilise Netscape Navigator ou Internet Explorer. Pour cela, il faut tester la variable `navigator.appName` qui vaut "Netscape" pour Netscape et "Microsoft Internet Explorer" pour le navigateur de Microsoft. Si on veut aller plus loin, on obtiendra le numéro de version au moyen de la variable `navigator.appVersion` qui vaut, par exemple, "4.04[en](Win95;I)" pour Netscape et "4.0(compatible; MSIE 4.01; Windows 95)" pour Microsoft.

Heure 11

Se faire héberger et se faire connaître

Maintenant que vous avez achevé votre présentation Web, que vous l'avez longuement testée et fait tester par vos amis en local (sur votre propre machine ou sur la leur), il est grand temps de penser à la faire connaître au monde entier. Pour cela, il faut d'abord l'installer sur un serveur connecté en permanence à l'Internet. Ensuite, il va falloir vous faire connaître. En banlieue (le mot "banlieue" ne mérite pas toujours la connotation désobligeante et péjorative qu'on y attache trop souvent) et à la campagne, lorsqu'aux beaux jours on organise un vide-grenier, une brocante ou une kermesse, on colle des affiches un peu partout pour que le plus de gens possible soient avertis de ces manifestations. Pour votre présentation Web, c'est la même chose. Sauf que c'est à l'échelon mondial que vous allez devoir coller vos affiches. Nous verrons que ce n'est pas si difficile qu'on pourrait le craindre.

Créer votre page Web

SE FAIRE HÉBERGER

Pour héberger votre présentation Web, évitez de recourir au serveur de votre entreprise, à moins que vous n'ayez un patron particulièrement compréhensif. Vous allez donc vous adresser à votre fournisseur d'accès. Comme nous l'avons signalé au début de cette longue journée, la plupart d'entre eux vous accordent un espace de l'ordre de 5 à 10 Mo sur leur disque dur. Presque toujours gratuitement, mais parfois, moyennant un léger surcoût d'abonnement.

Si votre page Web attirait vraiment beaucoup de monde, le serveur sur lequel elle est installée pourrait se trouver surchargé ou même saturé par les appels, ce qui risquerait d'amener votre "hôte" à prendre quelques mesures de rétorsion à votre égard comme fermer l'accès à votre présentation ou vous faire payer un supplément d'abonnement.

Si cette générosité n'entre pas dans le cadre de ses prestations ou que l'espace qu'il vous propose vous paraît insuffisant, il vous reste deux solutions dont le choix dépend du budget que vous entendez consacrer à votre publication : trouver un espace offert gratuitement ou acheter de l'espace disque. En vous adressant à une entreprise spécialisée dans la mise en place de site Web, vous pourrez même demander à avoir un nom de domaine personnalisé. Cependant, en raison du travers bien français d'opposer partout à l'"usager" des règlements contraignants, ne comptez pas, si vous vous appelez Martineau, obtenir auprès de l'AFNIC (organisme français de gestion des noms de domaine français) une URL du genre **http://www.martineau.fr**. Par contre, en vous adressant au NIC (organisme américain de gestion des noms de domaines en COM, ORG, NET...), cela a des chances de se réaliser facilement et rapidement et, en outre, d'être moins coûteux.

Mais ce n'est probablement pas cette solution que vous allez choisir. Vous devrez alors, au prix d'un petit sacrifice sur l'appellation de votre présentation, vous tourner vers des "mécènes" (vous savez,

Heure 11 : Se faire héberger et se faire connaître

ce sont ces entreprises qu'on appelle en franglais des *sponsors*) qui mettent à la disposition de qui le leur demande gentiment un espace disque d'hébergement, sans être nécessairement des fournisseurs d'accès. Il en existe quelques-uns en France et davantage aux Etats-Unis. La plupart vous demandent, en contrepartie, d'insérer des bandeaux publicitaires de leurs commanditaires dans votre page. En France, citons Mygale (**http://www.mygale.org**) dont la page d'accueil est reproduite sur la Figure 11.1 et qui accepte gratuitement les présentations personnelles ou d'associations à but non lucratif. Mygale permet aussi de créer une boîte à lettres personnelle dans laquelle vous pouvez seulement *recevoir* du courrier électronique, mais pas en envoyer. Pour cela, vous devez passer par votre fournisseur d'accès habituel.

Figure 11.1 : La page d'accueil de Mygale qui offre 5 Mo d'espace disque.

De son côté, Chez (société Téléstore) propose 10 Mo d'espace disque ainsi que la création d'une boîte à lettres électronique consultable normalement ou par Minitel. Aux Etats-Unis, citons Tripod (**http://www.tripod.com**) et Geocities (**http://www.geocities.com**) qui vous

Créer votre page Web

proposent, le premier 5 Mo ; le second, fort de ses quelque deux millions d'hébergés, 6 Mo.

LE TRANSFERT DES FICHIERS

Le transfert des fichiers s'effectue presque toujours par FTP depuis votre ordinateur vers le répertoire personnel qui vous a été alloué. Rappelons qu'un bon logiciel client FTP permet non seulement de transférer des fichiers, mais aussi d'effectuer certaines opérations de mise à jour (suppression, changement de nom) dans les répertoires sur lesquels vous avez les droits d'accès nécessaires.

N'oubliez pas qu'avec les serveurs UNIX (les plus répandus) l'orthographe des noms de fichier doit être scrupuleusement respectée en ce qui concerne les majuscules et les minuscules.

Le nom de votre page d'accueil n'est pas indifférent. Si l'URL de votre présentation est complète (par exemple : **http://www.monserveur.fr/~dupont/mapage.htm**), il peut être quelconque. Mais, si aucun *nom de fichier* ne termine l'URL (**http://www.monserveur.fr/~dupont/**), il devra être conforme aux noms de fichier par défaut reconnus par le système mis en place sur le serveur et qui sont généralement **index.htm**, **index.html**, **default.htm** ou **default.html**. Il est indispensable de consulter votre hôte sur ce point ou de vous référer à sa FAQ. Par prudence, appelez donc votre page d'accueil **accueil.htm** et indiquez son nom dans votre URL.

Certains éditeurs de pages Web (FrontPage de Microsoft, ou Arachnophilia — cité à la quatrième heure — par exemple) comportent un client FTP qui automatise le transfert et facilite la mise à jour d'une présentation. Bien que non indispensables pour des sites à la structure simple, ces outils peuvent vous faire gagner du temps lors de la mise à jour de sites ramifiés ou complexes.

Heure 11 : Se faire héberger et se faire connaître

SE FAIRE CONNAÎTRE

Si vous publiez, c'est pour être lu. Lorsqu'il s'agit d'une publication écrite, se pose en outre le problème de la distribution dans les kiosques et Maisons de la Presse. Avec l'Internet, nous n'aurons pas à le résoudre puisque notre distribution est automatique et gratuite.

Les moyens artisanaux

Comme vous ne disposez que d'un budget limité, vous n'allez évidemment pas passer de la publicité dans les périodiques spécialisées, mais recourir à des moyens moins onéreux.

Un périodique récent, Net@scope, propose de vous consacrer gratuitement un entrefilet dans son prochain numéro. Pour plus de détails, pointez votre navigateur sur son site à l'URL **http://www.netscope.org**.

Le support papier

Si votre présentation Web est celle d'un club ou d'une association 1901, vous pouvez signaler votre présence sur le Web à vos membres au moyen du bulletin papier que vous leur distribuez presque certainement.

Le bouche à oreille

Vous pourrez aussi en parler à vos amis et connaissances. Avec un peu de chance, ça fera tache d'huile et peut-être arriverez-vous à intéresser une centaine de personnes. Comparé à l'auditoire mondial potentiel du Web, c'est absolument dérisoire. Mais peut-être par modestie (ou paranoïa ?) ne souhaitez-vous pas dépasser ce cercle de "happy few" ?

Le courrier électronique

Si vous êtes un habitué de l'e-mail, pourquoi ne pas rajouter votre URL à votre signature ? Ainsi, tous vos correspondants sauront

Créer votre page Web

que vous avez un site Web. Vous pourriez adopter une signature de ce genre :

```
Georges Martin
Secrétaire de la Société pour le Comblage des Lacunes
        http://www.monserveur.fr/spcl.htm
```

Cela accroîtra légèrement la diffusion, surtout si vous êtes abonné à une liste car, de cette façon vous toucherez des gens que vous ne connaissez même pas, abonnés à la même liste.

Les news

Pensez aussi à ce panneau d'affichage public que constituent les newsgroups (forums) de Usenet. Le même principe de diffusion par la signature peut y être employé. Certains vont même jusqu'à une incitation plus directe, pas toujours bien perçue :

```
Venez visiter mon nouveau site Web : http://www.monserveur.fr/
spcl.htm
```

Si vous fréquentez un forum dont le sujet est en rapport avec celui de votre présentation, vous pourrez attirer pas mal de monde : français ou même anglophones, selon le forum. En outre, il existe deux forums réservés à ces annonces (mais nous n'avons pas l'impression qu'ils soient très fréquentés) :

```
fr.comp.infosystemes.www.annonces
fr.comp.infosystemes.www.annonces.d
```

Le renvoi d'ascenseur

Vous n'êtes pas seul à vous intéresser à votre sujet et sans doute y a-t-il (particulièrement dans le cas d'associations 1901) d'autres présentations traitant, sinon du même sujet, du moins de sujets voisins. Envoyez un e-mail à leur webmaster (dont l'adresse figure quelque part sur la page d'accueil dans toutes les pages Web bien rédigées) pour lui demander la permission de le référencer dans votre rubrique appropriée (*Autres liens, Mes sites préférés,*

Heure 11 : Se faire héberger et se faire connaître

Voyez aussi...) en lui demandant de faire de même dans la sienne. C'est le genre de demande qui recevra presque toujours un accueil favorable.

Les méthodes sérieuses

D'une façon générale, il existe deux moyens : le référencement par des sites spécialisés et le référencement par échange de bons procédés. Nous allons examiner quelques-unes des méthodes pratiques à mettre en œuvre dans ces deux cas.

Les moteurs de recherche

Le plus sûr moyen de se faire largement connaître est de s'inscrire auprès des moteurs de recherche et des annuaires tels que Yahoo!, AltaVista, Lycos, etc. Si votre présentation est rédigée en français, se limiter aux moteurs installés en France pourrait paraître sage, mais vous risquez ainsi de vous priver d'une partie de la clientèle francophone mondiale (des Canadiens, en particulier).

Des annuaires et des moteurs de recherche, il y en a beaucoup. Comment les connaître ? Comment les choisir ? Comment s'y inscrire ? A ces (angoissantes) questions, une réponse : utilisez un service de référencement qui fera le travail pour vous. Ici encore, certains services sont gratuits ; d'autres, payants. Comme nous nous sommes placés dans la situation d'une page personnelle, nous ne retiendrons que les premiers, parmi lesquels nous citerons les plus connus :

- En France : Submit Hit, créé par Florent Mondolfo. Deux avantages : d'abord, c'est en français ; ensuite, vous y trouverez un excellent guide qui vous donnera beaucoup de tuyaux utiles sur l'art et la manière de se faire référencer dans de bonnes conditions.

- Aux Etats-Unis : SubmitIt. Un classique.

Mais encore faut-il savoir comment se présenter et quelles sont les astuces à utiliser pour se faire "bien" référencer et avoir une chance d'émerger parmi les centaines de milliers de pages qui existent.

Créer votre page Web

La stratégie des annuaires et moteurs de recherche

Systématiquement, annuaires et moteurs de recherche envoient des automates programmés à la découverte des nouveaux sites Web pour alimenter leurs bases de données. Lorsqu'ils trouvent quelque chose qu'ils n'ont pas encore en mémoire, ils vont l'analyser pour voir à quel thème ça se rapporte et quels sont les mots clés importants. Pour attribuer un poids à ces mots clés, ils vont ensuite étudier leurs occurrences dans le texte, ce qui peut conduire à des résultats inattendus, pour peu que l'auteur se soit laissé aller à une certaine emphase.

La plupart sont capables d'exploiter la présence dans la page d'accueil de la balise <META>. S'ils la trouvent, ils cherchent alors les attributs NAME="description" et NAME="content" (contenu). En extrayant les informations qui y figurent, ils ont de quoi garnir leurs bases de données. Pour ce qui suit, nous supposerons que vous avez écrit une présentation Web sur le bœuf (utilisant, par exemple, l'image réactive de la Figure 8.4).

- L'attribut NAME="description". Il doit être suivi d'un attribut CONTENT= à la suite duquel se trouve un résumé du contenu de la présentation. Par prudence, évitez les accents, ce qui ne gênera guère les francophones et facilitera le travail des robots et les recherches des anglophones. Dans notre exemple, voici ce qu'on pourrait trouver :

```
<META NAME="description" CONTENT="Le boeuf, son elevage, les
  differentes races, les meilleurs morceaux, recettes inedites">
```

- L'attribut NAME="keywords". Il doit être suivi d'un attribut CONTENT= à la suite duquel se trouve une liste de mots clés en rapport avec le sujet traité. Dans notre exemple, voici ce qu'on pourrait trouver :

```
<META NAME="keywords" CONTENT="boeuf, boucherie, elevage, race
  bovine, boucherie, recettes, cuisine, bourguignon, miroton">
```

Heure 11 : Se faire héberger et se faire connaître

Pour augmenter ses chances d'être correctement référencé, il est bon d'avoir un titre de page clair et explicite (balise <TITLE>) et un premier paragraphe se présentant comme un bref résumé de la présentation.

Si nous insistons sur la concision de ces indications de présentation générale, c'est que les bases de données des annuaires et des moteurs de recherche ne prévoient pas beaucoup de place pour résumer le contenu d'une présentation. Mieux vaut alors éviter le risque d'une coupure brutale du texte qui pourrait lui faire perdre son sens.

Pour illustrer ces propos, voici un exemple concret d'en-tête de document HTML bien réalisé, élaboré par un prestataire de service (dont, par discrétion, nous avons modifié le nom) qui témoigne d'un métier sûr :

```
<!-- EDITEUR WEBEXPERT
     DATE DE CREATION: 24/03/1998
     DERNIERE MODIFICATION: 17/05/1998
     PAR: Jules Dupont-->

<HTML>
<HEAD>
<TITLE>FAQ page</TITLE>
<META NAME="Author" CONTENT="Jules Dupont">
<META Name="description" Content= "Bonzordis, entreprise
  Internet !!">
<META Name="keywords" Content="Yvelines, bonzordis,
  informatique, internet, Web, hébergement"></HEAD>
```

*Pour vous aider à confectionner des balises META correctes, vous pouvez vous servir du logiciel HISC Taggen dont vous pourrez charger une version d'essai à l'URL **http://www.hisoftware.com**.*

Créer votre page Web

Deux astuces à éviter

Beaucoup d'auteurs Web ne savent pas rédiger correctement les balises <META> et ils comptent sur l'indexation du contenu de leur page par les robots pour établir les mots clés. D'autres, soucieux de se faire référencer dans le plus de domaines possible, cherchent à ajouter des mots clés qui n'ont rien à voir avec le texte, mais appartiennent à des domaines très... sollicités (le "X", par exemple). Il existe deux moyens simples d'y parvenir, l'un honnête, l'autre moins :

- On peut rajouter en tête de sa page d'accueil un texte plus ou moins cohérent contenant des mots clés réputés "attractifs", plusieurs fois répétés (pour donner du poids à leurs occurrences), mais placés dans une balise de commentaire HTML (<!-- ... -->). Maintenant, presque tous les robots savent déjouer cette tentative pour leur forcer la main et risquent de la sanctionner en ignorant purement et simplement le site.

- On peut aussi reprendre la liste de ces mots clés en les écrivant dans une couleur identique à celle de l'arrière-plan. La Figure 11.2 nous présente la page d'accueil du bœuf, à l'allure bien innocente.

Mais si l'on promène le curseur de la souris dans l'espace situé au-dessus du titre, on va constater qu'il se change en barre verticale, signe de la présence d'un texte. Et si on balaie l'espace, on va sélectionner ce texte qui va alors apparaître en vidéo inverse et devenir ainsi visible (voir Figure 11.3). On notera que nous avons conservé un vocabulaire qui ne mette pas en péril la haute tenue littéraire de cet ouvrage.

Cette astuce est, elle aussi, connue et les robots de recherche savent généralement la déjouer. C'est d'ailleurs pour cela que nous avons décidé de vous la faire connaître !

Heure 11 : Se faire héberger et se faire connaître

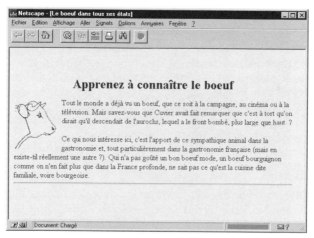

Figure 11.2 : La page du bœuf semble bien innocente.

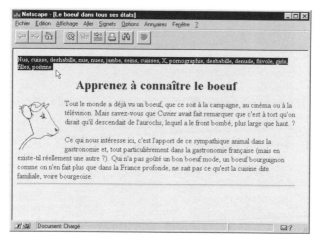

Figure 11.3 : Avec de tels mots, on peut espérer se faire référencer par les robots dans d'autres domaines plus "recherchés" que celui de la gastronomie.

Créer votre page Web

Voici comment se présente ce texte dans le document HTML correspondant :

```
[...]
<BODY BGCOLOR="yellow">
<FONT COLOR="yellow">Nus, cuisse, deshabille, nue, nues,
 jambe, seins, cuisses, X, pornographie, deshabille, denude,
 frivole, girls, filles, poitrine</FONT>
<H1 ALIGN=CENTER>Apprenez &agrave; conna&icirc;tre le bœuf
</H1>
<IMG SRC="bof.gif" ALIGN=LEFT>
[...]
```

Les Webrings

Il s'agit d'un système de référencement en anneau fermé de sites ayant un même objectif : la restauration des porcelaines chinoises, la culture des fleurs sauvages, l'aquariophilie... Sur votre page d'accueil, vous mettez deux pointeurs particuliers : l'un vers l'avant ; l'autre vers l'arrière. Lorsque le visiteur clique sur l'un d'eux, il est mis en communication avec le site central du Webring qui choisit dans une liste l'URL du "prochain" site selon le sens de parcours. Si des sites viennent se rajouter ou d'autres à disparaître, la mise à jour s'effectue seulement sur le site central, votre page n'ayant pas à être modifiée. Un répertoire liste les thèmes pour lesquels existe un anneau ainsi que le contenu de chaque anneau. Pour en savoir plus, consultez le site du Webring à l'URL **http://www.webring.com** dont la Figure 11.4 vous montre la page d'accueil.

Les bannières

Le principe est simple bien qu'il en existe plusieurs variantes. Un site central vous propose d'afficher des bannières publicitaires (images d'un format voisin de 60 × 400 pixels, commerciales ou non) sur vos pages. Ces bannières comportent un pointeur vers le site Web concerné. Chaque fois qu'un visiteur a été voir le site ainsi signalé, vous obtenez un certain nombre de "crédits". En fonction du nombre de crédits que vous avez obtenu, votre propre bannière sera affichée dans plus ou moins de pages. La Figure 11.5 vous montre la page d'accueil de LinkExchange, à l'URL **http://www.linkexchange.com/**.

Heure 11 : Se faire héberger et se faire connaître

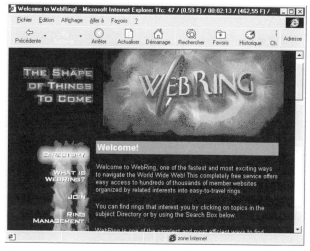

Figure 11.4 : La page d'accueil du site du Webring.

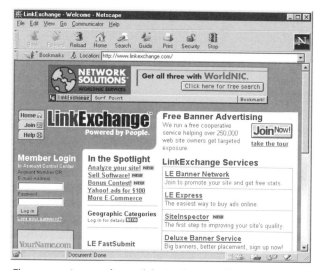

Figure 11.5 : La page d'accueil du site de LinkExchange spécialisé dans les bannières.

Contrôle du référencement

C'est ici qu'apparaît l'intérêt des compteurs d'accès dont nous vous avons entretenu au cours de la huitième heure. Dans un délai d'une à deux semaines, si vous avez pris la précaution de placer un de ces compteurs dans votre page, vous devriez constater un accroissement du nombre de *hits* (accès) significatif.

Heure 12

Les bonnes adresses

LIVRES ET PÉRIODIQUES

On trouve des livres sur l'informatique dans la plupart des grandes librairies. Mais si vous avez besoin d'un livre peu courant ou d'origine étrangère, sachez qu'il existe à Paris, 6, rue Maître-Albert, une librairie exclusivement consacrée à l'informatique : "Le Monde en Tique" (tél. : 01 43 25 45 20), **http://www.lmet.fr/Homefr.html**.

ActiveX

- ActiveX disséqué : *Le labo ActiveX*, par Warren Ernst, éd. Simon & Schuster Macmillan, 1997.
- La voie active : *Le Macmillan ActiveX*, par Brian Farrar, éd. Simon & Schuster Macmillan, 1996.

L'Internet en général

- Un peu de tout sur l'Internet : *L'Internet professionnel*, par un collectif de 52 auteurs (CNRS Editions – 1995).
- Un ouvrage d'initiation : *Se former en un jour à l'Internet*, par Michel Dreyfus, éd. Simon & Schuster Macmillan, 1998.

Créer votre page Web

- Les dessous de l'Internet : *Internet, comment faire ?* par Peter Kent, éd. Simon & Schuster Macmillan, 1997.
- Un ouvrage de référence : *Le Macmillan Internet*, par Jerry Honeycut et Mary Ann Pike, éd. Simon & Schuster Macmillan, 1997.

HTML en général

- Une initiation : le *Grand Poche HTML 4*, par Dick Oliver et Molly Holzschlag, éd. Simon & Schuster Macmillan, 1997.
- Tout sur HTML : *Le Programmeur HTML 3.2*, par Laura Lemay, éd. Macmillan, 1997.
- La dernière version : *HTML 4.0, le Livre d'Or*, par Michel Dreyfus, éd. Sybex, 1997.

Les éditeurs HTML

- Le produit phare de Microsoft : *FrontPage, le Livre d'Or 98*, par Michel Dreyfus, éd. Sybex, 1998.
- *Le Macmillan FrontPage 98*, par Neil Randall, éd. Simon & Schuster Macmillan, 1998.

Java

- Parlez-vous Java ? : *Le Macmillan Java*, par Alexander Newman, éd. Simon & Schuster Macmillan, 1997.
- Java facile : *Le Tout en poche Java 1.1*, par Rogers Cadenhead, éd. Simon & Schuster Macmillan, 1998.
- Java très fort : *Le programmeur Java 1.2* par Laura Lemay et Rogers Cadenhead, éd. Simon & Schuster Macmillan, 1998.
- Plus sur Java : *Java – Création d'applets pour le Web* par D. Gulbranksen & K. Rawlings, éd. Simon & Schuster Macmillan, 1997.
- La danse du Web : *Java, secrets d'experts*, par Michael Morisson, éd. Simon & Schuster Macmillan, 1996.

JavaScript

- *JavaScript Mégapoche*, par Michel Dreyfus, éd. Sybex, 1997.

- *Le Programmeur JavaScript*, par Arman Danesh, éd. Simon & Schuster Macmillan, 1996.
- *JavaScript, The Definitive Guide,* par David Flanagan, éd. O'Reilly, 1996.
- *Netscape JavaScript book,* par Peter Kent et John Kent, éd. Netscape Press, 1996.

Périodiques français

- Revues d'informatique traitant plus spécialement de l'Internet :
    Netsurf (mensuel)
    .net (mensuel)
    Hachette.net (bimestriel)
    Net@scope (bimensuel)

RESSOURCES INTERNET

La plupart sont des sites Web parmi lesquels on trouvera quelques serveurs FTP. Rappelons que les adresses que vous trouverez ici, bien que soigneusement vérifiées, ne sont pas immuables. Plus vite qu'ailleurs, le temps fait ici son œuvre.

ActiveX

- http://www.microsoft.com/france/activex/activex.htm

Les scripts CGI

- La spécification CGI : **http://hoohoo.ncsa.uiuc.edu/cgi/interface.html**
- Bibliothèque Perl de gestion de formulaires : **http://www.bio.cam.ac.uk/cgi-lib/**

Compteurs d'accès

- A la disposition de tous : **http://www.digits.com/**
- Présentation des compteurs d'accès : **http://members.aol.com/htmlguru/access_counts.html**

Créer votre page Web

- Encore plus sur les compteurs d'accès : http://www.digitmania.holowww.com/

Le copyright
- http://www.legalis.net/legalnet

La création Web
- La station du développeur : http://oneworld.wa.com/htmldev/devpage/dev-page.html
- Le guide de l'auteur Web : http://www.hwg.org/ et http://cbl.leeds.ac.uk/nikos/doc/repository.html
- Guide de style sur le HTML : http://www.w3.org/hypertext/WWW/Provider/Style/Overview.html

Les feuilles de style
- Guide de style HTML : http://www.w3.org/hypertext/WWW/Style/

Logiciels de dessin et de visualisation
- LviewPro : http://www.lview.com
- Paint Shop Pro : http://www.wska.com
- CompuPIC : http://www.photodex.com
- ACDsee : http://www.acdsystems.com

Editeurs et convertisseurs HTML
- AOLpress : http://www.aolpress.com
- Arachnophilia : http://www.arachnoid.com/arachnophilia
- Web Construction Kit : http://www.pierresoft.com
- Internet Assistant Microsoft : http://www.cnet.com/Content/Reviews/Compare/11htmleds/ss02f.html
- SpiderPad : http://www.sixlegs.com/spidrpad.html
- NetObjects Fusion : http://www.netobjects.com
- Les outils d'édition HTML en général : http://www.w3.org/hypertext/WWW/Tools/

- Convertisseurs de texte vers HTML : http://www.yahoo.com/Computers_and_Internet/Software/Internet/World_Wide_Web/HTML_Converters/
- Editeurs HTML : http://www.yahoo.com/Computers_and_Internet/Software/Internet/World_Wide_Web/HTML_Editors/

Hébergement de pages Web

- Chez (France) : http://www.chez.com
- Mygale (France) : http://www.mygale.org
- MyWeb (Suisse) : http://myweb.vector.ch
- Altern : http://www.altern.org
- Geocities (Etats-Unis) : http://www.geocities.com/
- Tripod (Etats-Unis) : http://www.tripod.com
- Yellow Internet : http://www.yi.com
- Cité Web : http://www.citeweb.net

Images diverses

- Les icônes d'Antony : http://www.cit.gu.edu.au/~anthony/icons/index.html
- Les clip arts de Barry : http://www.barrysclipart.com
- Collection de clip arts : http://www.ist.bet/clipart/sandra.html
- L'univers des clip arts : http://nzwwa.com/mirror/clipart/index.html
- Les clip arts de Yahoo! : http://www.yahoo.com/Computers_and_Internet/Graphics/Clip_Art/
- EERIE (France) : http://www.eerie.fr/Pics/
- GIF Wizard Home page : http://uswest.gifwizard.com/
- Microsoft vous propose : http://www.microsoft.com/workshop/

Images réactives

- Documentation originale du NCSA : http://hoohoo.ncsa.uiuc.edu/docs/tutorials/imagemapping.html

Créer votre page Web

- MapEdit (outil de création d'images réactives sous Windows) : **http://www.boutell.com/mapedit/**
- LiveImage : **http://www.mediatec.com/**

Internet Explorer

- Le serveur de Microsoft : **http://www.microsoft.com/ie/**

Java

- Un des sites Java les plus renommés : **http://www.gamelan.com/noframe/Gamelan**
- Java et Netscape : **http://home.netscape.com/comprod/products/navigator/version_2.0/java_applets/**
- La boutique Java : **http://javaboutique.internet.com**
- Le serveur de Sun Microsystems : **http://www.javasoft.com/**
- Java vu par Yahoo! : **http://www.yahoo.com/Computers_and_Internet/Programming_Languages/Java/**
- Sur les news : **fr.comp.java**
- Bigbyte : **http://www.bigbyte.com/**

JavaScript

- Le serveur de Netscape : **http://developer.netscape.com/docs/manuals/communicator/jsguide4/index.htm**
- Un extrait de l'UNGI de Gilles Maire : **http://www.imaginet.fr/ime/javascri.htm**
- La planète JavaScript : **http://www.geocities.com/SiliconValley/7116/**

Les moteurs de recherche et annuaires

- Altavista : **http://www.altavista.digital.com**
- Ecila (français) : **http://ecila.ceic.com**
- Infoseek : **http://www2.infoseek.com**
- Lokace : **http://www.iplus.fr/lokace/lokace.htm**
- Lycos : **http://www.lycos.fr** (français) ou **http://www.lycos.cs.cmu.edu** (américain).

Heure 12 : Les bonnes adresses

- Matilda : http://www.aaa.com.au/matilda
- Nomade : http://www.nomade.fr/
- WhatsNew : http://whatsnew.emap.com/
- Webcrawler : http://www.webcrawler.com
- Yahoo! : http://www.yahoo.fr (français) ou : http://www.yahoo.com (américain)

Le multimédia

- CoolEdit (éditeur de sons sous Windows) : http://www.syntrillium.com
- Indeo de Intel : http://www.intel.com/pc-supp/multimed/indeo/OVERVIEW.HTM
- La FAQ du MPEG : http://www.crs4.it/~luigi/MPEG/mpegfaq.html
- Le célèbre QuickTime d'Apple : http://quicktime.apple.com/
- Tout ce que Yahoo! sait sur le multimédia : http://www.yahoo.com/Computers/Multimedia/
- Le monde de Casper : http://www.inforoute.cgs.fr/geugniet/sommaire.html

Navigateurs

- Serveur de Netscape : http://home.netscape.com
- Informations générales sur les navigateurs : http://browserwatch.iworld.com/

La sécurité informatique

- PGP : http://www.pgpi.com
- La loi Godfrain : http://www.cnrs.fr/Infosecu/10godfrl.html
- La CNIL : http://www.cnil.fr

Les services de référencement

- Submit Hit : http://submit-hit.eurodiacom.com
- SubmitIt : http://www.submit-it.com
- Submitnow.fr : http://www.wakatepe.com/submitnow

Créer votre page Web

- Le Référenceur : http://www.referenceur.com
- Add me! : http://www.addme.com

Les sources de logiciels

- Tucows : http://tucows.chez.delsys.fr
- Download.com : http://www.download.com
- MR BIOS shareware : http://www.mrbios.com/
- Le supermarché du shareware : http://www.shareware.com/
- Evaluation de sharewares : http://www.SharewareJunkies.com

Vérificateurs HTML

- Astra SiteManager : http://www.merc-int.com/products/astrastguide.html
- CSE HTML Validator : http://htmlvalidator.com/
- HTML Powertools : http://www.tali.com/indexo.html
- Linkbot : http://www.tetranetsoftware.com/linkbot-info.htm
- SiteHog : http://www.cix.co.uk/~allied-display/redhog/
- Service de validation HTML du W3 : http://validator.w3.org/

Outils de validation de pages Web

- Validator : http://www.webtechs.com/html-val-svc/
- HTMLCheck : http://uts.cc.utexas.edu/~churchh/htmlchek.html
- Weblint : http://www.unipress.com/cgi-bin/WWWeblint

Services de vérification HTML

- Doctor HTML : http://imagiware.com/RxHTML/
- HTMLchek : http://www.ijs.si/cgi-bin/htmlchek
- KGV : http://ugweb.cs.ualberta.ca/~gerald/validate.cgi
- WebTechs : http://www.webtechs.com/html-val-svc/ (Etats-Unis)

Index

Symboles

<!--> 50
<A> 100
<ADDRESS> 119
<APPLET> 184
<AREA> 145
<B> 55
<BASE> 117
<BGSOUND> 105
<BIG> 59
<BODY> 48, 154
<CAPTION> 123
<CODE> 58
<DD> 90, 102
<DIV> 47
<DL> 90
<DT> 90
<EM> 55
<FONT> 59
<FORM> 151
<FRAME> 154
<FRAMESET> 154
<HEAD> 47
<HTML> 45
<I> 55
<IMG> 79, 145
<KBD> 58
<LI> 88
<MAP> 145
<META> 47, 212
<NOFRAMES> 154
<OBJECT> 184
<OL> 89
<PARAM> 184
<PRE> 56
<SAMP> 58
<SCRIPT> 187
<SMALL> 59
<STRONG> 55
<STYLE> 194
<TABLE> 56, 121, 178, 194
<TD> 122, 123
<TH> 123
<TITLE> 47, 54, 154, 213
<TR> 122
<TT> 58
<U> 55
<UL> 102
_blank, valeur de l'attribut Target 159
_parent, valeur de l'attribut Target 159
_self, valeur de l'attribut Target 159
_top, valeur de l'attribut Target 159
89a (Images GIF) 99

Créer votre page Web

A

Accès
  compteur d' 21, 148, 218
  fournisseur d' 2
Accueil, page d' 16
Acrobat 194
ActiveX 182, 193
Adhésion (bulletin d') 19
AFNIC, noms de domaine 206
ALIGN 52, 95, 123, 126
ALT 96, 175
AltaVista 211
AMGR 161
Anamorphose 98
Anchor *Voir* Ancrage
Ancrage 114
Animations 162
Anneau, référencement en 216
Annuaires 211
Appel de lien 18
Apple 106
Applet 183, 185
Arachnophilia 208
Arial 38
ASCII 41, 111
Associations 1901 161, 210
Astuces à éviter 214
Audio, fichiers 104, 162
Automates programmés 212
AVI (format) 106

B

BACKGROUND 48
BASELINE 127
BASIC 183
BGCOLOR 48, 126, 170
Boîte à musique 105
BORDER 122, 178
BOTTOM 123, 127

C

C 151
C++ 151, 183
Cadres 36, 152
Calendrier 188
Caractères
  entités de 41
  polices de 197
Careware 65
CELLPADDING 132
CELLSPACING 132
CENTER 127
Cercle, image réactive 147
CERN 143
CGI 187
Chez 207
Citation, droit de 22
Classe, feuille de style HTML 195
Client side, image réactive 144
CNRS 16
COLOR 59
COLS 155
COLSPAN 128
Compteur d'accès 148, 218
Conteneurs 45
CONTENT 212
Corps, HTML 47
Couleurs 197
Courier 38
Courrier électronique 209

Index

Crédits 216
CSS (feuille de style HTML) 194

D

Découpage, présentation Web 36
Dialogue, formulaire 149
Director 108
Domaine, nom de 206
Domaine public 21
Dossier 113
DTD (standard HTML) 79
Dynamique, HTML 201

E

En-tête (HTML) 47
Entités de caractères 41, 62
Espace insécable 47
Extensions Microsoft FrontPage 71

F

FAQ 149, 208
Feuille de style 193
Filet 120
Formulaires 149
Fournisseur d'accès 2
Frames 36, 152, 170
Frameset 152
France Telecom 85
FrontPage 208, 220
FTP 208
    client 66

G

Genevès (Pierre) 75
Geocities 207
GIF (format) 92, 147, 165
GIFANIM, GIF animée 107
Gnome & Rhône 13

H

Hachette.net 221
Hébergement 206
HEIGHT 97
Hits (accès) 218
Hot spots, image réactive 144
HotJava 182
HREF 112
HTML 39, 220
    2.0 40
    3.2 27, 41
    4.0 41, 220
    dynamique 201
    Validator 81
HTML.DOT, Internet Assistant 73

I

Imagemaps *Voir* Images réactives
Images, HTML 4 197
Images réactives 139
Indentations 116
INFINITE 105
InfoLink 83
Initié (délit d') 20
Insécable, espace 47
Internet Explorer 5

J

Java 181, 182
  machine virtuelle 183
JavaScript 36, 182, 201
Journal (page en forme de) 134
JPEG (format) 92, 147
JScript 201

L

La Redoute 12
Layers 203
LEFT 127
Lemay (Laura) 220
Lien
  appel de 18, 110
  externe 112
  interne 113
  vérification 80
Line Printer 38
Listes 198
  de définitions 90
  non numérotées 88
Live3D 108
LiveImage 144
LOOP 105
Lutus (Paul) 65
LviewPro 99
Lycos 211

M

Macintosh 3
Macromedia 108
mailto
  (HTML) 146

Majuscules 80, 114
MapEdit 144, 146
MARGINHEIGHT 157
MARGINWIDTH 157
Marqueurs 45
Menus (listes de) 87
Microsoft 16, 67, 208
MIDDLE 127
MIDI 104
Minitel 207
Minuscules 114
Mondolfo (Florent) 211
Mosaic 27
Moteurs de recherche 211
MPEG (format) 106
Musique, boîte à 105
Mygale 162, 207

N

NAME 157, 184, 212
Navigateur 2
NCSA 143
Net (revue) 221
Net@scope 209, 221
NetObjects Fusion 62
Netscape Navigator 5
Netsurf 221
News 210
NIC 206
NOFRAMES 173
NOHREF 146
Nom de domaine 206
NORESIZE 157
NOSHADE 53
Numérisation des images 163
Numérisés, sons 104

Index

O

OCR 163
Orthographe, vérificateur d' 72

P

Page
  d'accueil 16, 164
  notion de 18
  personnelle 10
  Web 17, 31
Paint Brush 165
Paint Shop Pro 165
PAO 62, 136
Par défaut (zone) 144
PERL 85, 151
Personnelle
  gazette 10
  page 10
PierreSoft 75
Plug-in 104
PNG (format) 92, 147
Police de caractères 38, 197
Polygone, image réactive 147
Portabilité 183
Positionnement 198
PostScript 194
Procès 21
Propriétés, feuille de style 196
Protocole 117

Q

Québec 16
QuickTime (format) 106

R

Réactives, images) 139
RealAudio 104
Rectangle, image réactive 147
Règles, feuille de style 195
Répertoires 113
Répertoires, listes de 87
République (Présidence de la) 14
RGB, triplet 59
RIGHT 127
Rimbaud (Arthur) 198
ROWS 154
ROWSPAN 128
RTF 73

S

Sauvegarde (présentation Web) 115
Scanners 163, 165
Scripts 21, 186
SCROLLING 157
SGML 79
Shareware 11, 16
Shockwave 108
SIZE 53, 59
Sons, fichiers de 104
SRC 94, 157
START 90
Storyboard 36
Styles (feuille de) 193
Stymie Light 140
Submit Hit 211
SubmitIt 211
Sujet (unicité du) 12

Sun Microsystems 181
Syntaxe, erreurs de 79

T

Taggen (balises META) 213
TARGET 158
Téléstore 207
TEXT 48
Titre d'une présentation Web 18
TOP 123
Trek-Monitor 136
Triplet RGB 59
Tripod 207
Tucows 226
TYPE 89, 90

U

Unicité du sujet 12
UNIX 79, 193, 208
URL 110
USEMAP 145
Usenet 210

V

VALIGN 126
VALUE 184
VBScript 193
Vérificateur d'orthographe 72
Vérification des liens 80
Virtuelle (machine Java) 183

Virus 181
VisualBasic 193
VRML 108

W

W3C 194, 201
WCK 75
Web
  page 17, 31
  présentation 31
  site 31
Web Construction Kit 75
WebBots 70
WebFX 108
WebMap 144
Webmaster 19
Webrings 216
Webs d'Or 169
WIDTH 53, 97, 123
Wintel 68
WORDIA.EXE 72
WWWeblint 85
WYSIWYG 62, 67

Y

Yahoo! 211

Z

Zones sensibles, image réactive 144